my feelings of maturity

일러두기

저자 고유의 문체를 살리기 위해
규범 표기를 따르지 않은 표현이
일부 존재하며, 비속어와 은어가
포함되어 있습니다.

대화의 일부는 '|'로 표기했습니다.
저자의 말은 들여쓰기로,
상대의 말은 내어쓰기로 통일하였습니다.

서른다섯, 늙는 기분

이소호 산문집

Prologue

**나는 나를 사랑하는 데
35년이 걸렸다**

서른넷까지 나는 서른다섯이 되면 세상이 멸망하는 줄 알았다. 그러나 망할 것은 세상이 아닌 나였다. 코로나로 세상이 뒤숭숭한 어느 날 친구들과 카페에 앉아 있다가 "나는 이제 고독사를 하게 될지도 몰라. 아무도 나를 찾지 않아. 나이에서부터 나를 깎아내린다고. 나는 앞으로 늙어가는 내내 젊음을 뒤쫓다가 결국에는 누구에게나 부담스러운 나이가 될 거야."
코트를 입으면서 이렇게 말했던 기억이 난다.

친구 한 명이 그 말을 하는 나를 찍었다.
그리고 내게 그 사진을 보여주었다.

| 소호야, 지금 네가 얼마나 예쁜지 네 눈으로 직접 봐.

너는 전이나 지금이나 변함이 없어.
오히려 더 예뻐졌어. 그러니까 서른다섯이 되면
눈에 띄게 늙거나 아이를 낳지 못해서
남자들이 부담스러워할지도 모른다는 생각은 버려.
너는 지금 너 자체로 너무 멋져.
한번 봐봐.

이 글은 그러니까 내가 사회적인 죽음을 예감했을 때 쓰였다. 사회적 죽음이란 예컨대 이런 것이다.
제 발로 찾아간 모든 곳에서 다 까이기만 했을 때, 애 없는 '애기 엄마'라고 불리기 시작했을 때, 나이가 많아 재취업이 어려울 거란 이야기를 들었을 때다. 나는 시時로 인해 경력 단절 여성이 되었다. 나의 사회적 커리어는 그렇게 마지막 교시 종을 치는 기분으로 나를 옥죄어 오고 있었다.

생각을 바꾸게 된 것은 그 후의 일이다. 친구의 이야기를 듣고 주위에 적극적인 상담을 받았고, 특히 엄마와 많은 대화를 나누었다. 엄마는 서른이면 여자 인생 다 망했다는 말이 흔했던 시절에 대해 이야기했다. 그래서 부랴부랴 스물아홉 살에 시집을 갔다고. 자신은 그렇게 살았지만 지금은 나이가 어떻든 존재 자체로 빛날 수 있다고 몇 번이나 거듭 힘주어 말했다.

> 소호야,
> 엄마는 혼자가 더 멋질 수도 있다고 생각해.
> 세상 사람들의 눈은 아무것도 아니야.

엄마의 말은 믿기 어렵다.
그러므로 거울 앞에 선다.

거울 앞에 선다는 것은 공포다.
거울 속에는 내가 있기 때문이다.
내가 살아 숨 쉬고 있기 때문이다.
그리고 거울은 아이러니하게 내가 아니기도 하다.
거울은 남이 보는 내 모습.
그러므로 좌우가 반전된 내 모습이다.
좋아.
그럼 거울이 보여주는 것처럼 반대로 생각해 보자.

과거의 나는 사회로부터, 나를 잘 모르는 사람들로부터 받은 가스라이팅으로 온몸이 망가져 있었다. '그러나' 오늘의 나는 사회적인 가스라이팅에 맞서 싸울 수 있다.

아이러니하게도 또다시 '그러나'
나는 이 글을 반전 거울일 때 썼다.

그러므로 이곳에 밝힌다.
그러니까 나는 뒤집어진 나를 여기 남겼다.
사회로부터 받았던 무수한 무시와 시선을 담았다.
그것이 똑바로 나를 비추고 있는 거울이라 철석같이 믿고.

> 거울아 거울아, 세상에서 누가 제일 멋지니?

이 글을 다 쓰고 나서 나는 되묻는다. 그러자 내가 어른이 되었다는 생각이 들었다. 처음이었다. 내가 매해 새로운 촛불을 끄고 이상한 소원을 비는 것처럼. 앞으로도 나는 뭔가를 바라고 망하고 실수를 저지르고 사과하고 살아갈 것이다. 삶은 숫자만 바뀔 뿐, 아무것도 달라지지 않는다. 미숙은 부끄러움이 아니다. 믿는다. 나는 어제보다 오늘 하루치 육체적인 나이는 들지만, 다행히 어제보다 더 나은 삶을 발견하고 살아가고 있다.

이것으로도 충분하다.
사랑의 방식에는 여러 가지가 있다.
나는 나를 사랑한다.
이제야 고백한다. 화해를 넘어서 이야기해 본다.

나는 나를 사랑하는 데 35년이 걸렸다.

Contents

Prologue

4 나는 나를 사랑하는 데 35년이 걸렸다

제1막

서른다섯, 내 몸의 자유 이용권은 끝났다

13 자유 이용권은 여기까지입니다
20 생리 주기와 우주의 섭리
27 더는 흰머리를 새치라 우기지 않기로 했다
35 앉아 있는 자의 숙명
44 마음 놓고 웃어도 될까?
50 소호의 시간은 빠르게 흐른다
56 호스텔보단 호텔
65 아무거나
72 빈 냉장고와 꽉 찬 옷장의 빈티지 할머니
78 제모에서 발모로
84 잘 쉬는 법
91 침대가 나와 한 몸이던 시절
98 지극히 평범한 하루
106 파티가 끝나고 난 뒤

112 Inter-mission

제2막
엄마는 말했지, 인생은 매도와 손절이라고

117 결혼 정보 회사에 팔린 내 정보
128 파랑에서 빨강으로
136 어른과 어린이
144 교훈을 주는 사람
153 애 없는 애기 엄마
161 연봉이 얼마예요?
170 여리게 여리게 점점 여리게
177 키오스크 앞에서 우리는
185 알고 싶지 않은 것들
191 내려놓으라는 말이 제일 화나
197 만남은 어렵고 이별은 쉬워
203 택시 마니아
210 죽음에 대하여

Epilogue
218 내일을 장담하지 못한다는 것

———————제1막

서른다섯,

　　　　내 몸의
　　　자유 이용권은

끝났다

자유 이용권은

여기까지입니다

예감과 실감의 차이는 무엇일까. 그렇다면 예감이 실감이 되는 순간은 언제일까. 나는 지금 그 경계에 대해 말하고 싶다. 과학 기술의 발달로 인간의 수명은 점점 길어지고 있지만, 그렇다고 성장이 멈추는 시간이 달라질 리 없다. 서른다섯. 우리는 거기서 죽음을 조금이라도 멀리 두기 위해 많은 노력을 기울인다. 누군가는 피부과나 성형외과를 전전하며 외모를 꾸미고, 생리 주기가 오가며 산부인과 정기 검진을 등록하기도 한다. 이십 대와 서른 초반에는 아무리 힘든 일을 해도 생생했는데 이제는 조금만 힘들면 하루 이틀은 배터리가 다 된 리모컨처럼 소파에 누워 아무 일도 하지 않는다. 문득 어린 시절 주말에 밖에 나가자고 떼를 부려도 꿈쩍 않고 누워 텔레비전만 보던 아빠가 처음으로 이해되기 시작했다. 한 번 이해하고 나니 자연스럽게 나 역시 노화를 실감했다. 얼굴을 보며 전에는 보이지 않던 단점을 찾아내고, 꼿꼿이 서 있어야 할 척추를 위해 근육을 키우며 생각한다. 핀 라이트 아래 도드라지는 가르마를 들추면 반짝반짝 빛나는 흰머리들을 하나씩 족집게로 뽑았다. '언젠가는 백발이 되어 염색이 소용없어지겠지.' 자세히 살필수록 하나하나 어제와는 다른 나를 마주하며 나는 서른다섯을 맞았다.

그렇다면 외모만이 노화의 전부일까? 아니다. 나는 이런저런 측면에서 공식적으로 옛날 사람이 되었다. 옛날 사람이라는 것은 마치 숨길 수 없는 사랑이나 감기, 가난 같은 것이다. 증상은 여러 가지 현상에서 나타난다. 〈상상더하기〉 퀴즈쇼•에서 어른의 단어와 청년의 단어를 구분하던 것처럼 나는 이제 어른의 단어, 그 세계로 넘어왔다. 이제 더는 줄임말을 노력 없이 이해할 수 없다. 특히 한때 유행했던 '야민정음'••은 정말 고통이었다. 어떻게 '띵작'이 명작일까. 단어의 압축 때문에 'ㄹ'이 어떻게 '근'을 뜻하는지 알 수 없었다. 특히나 요즘에는 에고 서칭에서 얻은 '이소호 시인' 옆에 붙인 네티즌들의 수식어를 전혀 이해하지 못해 검색한 후에야 악플인지 선플인지를 가려내기도 한다. 가장 재미있는 단어는 '이소호 국수템'이라는 것이었다. 나는 이 말이 이번 책은 퉁퉁 불어 말아먹었다는 뜻인 줄 알고 굉장히 슬퍼했는데, 알고 보니 국수 넘어

• 2004년부터 2010년까지 방송되었던 KBS 2TV 예능 프로그램. 세대 간의 언어 차이를 극복하자는 취지의 '세대공감 OLD & NEW' 코너가 인기를 끌었다.

가듯 술술 잘 읽힌다는 의미였다. 이런 일들이 잦아지니 작가라는 직업을 가진 자로서, 한 걸음 늦은 단어 감각이 좌절스러울 때가 있다. 새로운 단어, 트렌디한 텍스트를 위해서는 지금보다 더 많은 단어가 필요하다. 그래서 나는 요즘 사전과 오픈사전을 번갈아 본다. 오픈사전에는 내가 알아야 할 수많은 단어들이 지금도 나를 기다리고 있다.

어른이 되면 모든 일에 능숙할 줄 알았는데
점점 세계와 멀어져가는 기분이 드는 것은 왜일까.

나는 생각한다. 외면과 내면에 대해, 노화에 대해, 서른다섯의 여성이 처한 이 위치에 대해 "너는 너무 늙어 시집도 가지 못할 거야. 나이가 많잖아"라고 막말하는 사람들, "이젠 너도 관리가 필수잖아"라고 말하는 사람들, "이 말도 몰라?"라면서 무시하는 사람들, 음식점이나 카페의 키오스크를 다룰 줄 모르면 '멍청이'라고 손가락질하는 사람들, 같은 조언을 해도 '꼰대의 소리'라고 비웃는 사람들, 그러니까

⟨거짓말⟩이라는 노래 제목을 들으면 빅뱅보다 god가 먼저 떠오르는 나는,

●● 한글 자모를 모양이 비슷한 것으로 바꾸어 단어를 다르게 표현하는 인터넷 밈meme이다.

명백하고도 투명하게 늙어가고 있다.

그러나 노화가 꼭 불행하고 불편하다고 생각하지 않는다. 모르는 것은 배우면 된다. 알아가면 된다. 세상이 나를 불편하게 하더라도 그래, 배우면 된다. 감각을 유지하는 것은 인간 사이의 균형을 유지하는 것만큼 어렵다. 고도의 훈련이 아니면 할 수 없는 것이다. 물론 육체적으로도, 정신적으로도 서른다섯 전에는 정말로 쉬웠다. 언제든 마음만 먹으면 어제로 돌아갈 수 있었다. 시간이 많아서 뭐든 도전하고 다시 시작할 수 있었다. 그러나 오늘의 나는 마음을 먹는 것 자체가 어렵다. 책임감에 대해 먼저 생각한다. 누가 혼내지도 않았는데, 몸을 사리고 고민하고 걱정하는 나는,

내 몸의 자유 이용권 만기를 온몸으로 느낀다.
신께서 내게 선사하신 성장의 나이는 서른다섯이다.
그러나 나는 신께서 만든,
막 나가는 엉망진창의 피조물이다.
몸에서 여러 신호를 보내도 나는, 과학의 힘을 빌리겠다.
지적 호기심을 멈추지 않고 진화하겠다,
고 선포한다.

해야 하는 일과 해야만 하는 일처럼,
이젠 나를 지키는 일이 해야 하는 일이 아니라
해야만 하는 일이 되었다.

올 초에 생일을 맞이하여 케이크에 꽂힌 초를 한 호흡이 아닌 두 호흡으로 나누어 끌 때 사실 나는 노화의 시작을 예감했다. 그리고 옛 어르신의 말씀처럼 역시 슬픈 예감은 틀리지 않는다. 그리고 그 예감은 올해가 지날수록 구체적 현실로 다가와 실감하게 된다. 그래, 나는 어쩔 수 없다. 노화의 시작을 인정하고 전보다 더 많은 일을 해야만 한다. 한 단계로 끝냈던 스킨케어를 일곱 가지로 늘려 겹겹이 바르며, 몸의 노화를 구체적으로 생각하고 수용하고 받아들여야만 한다. 이 상태를 유지하기 위해 유지·보수가 필요한 몸과 마음을 위해 나는 끊임없이 움직인다. 그것은 내가 깨닫게 된 것이 포기가 아니기 때문이다. 또 다른 성장이었기 때문이다. 나에게 서른다섯은 또 다른 성장판이 열리는 아주 중요한 시기다. 멋진 죽음으로 가는 성장도 만만치 않다. 내가 불편을 느끼는 모든 것들에 능숙해지기 위해 끊임없이 배워야만 한다. 그러려면 어제보다 더 어려운 성장이 필요하다. 세상으로부터 나를 지키고 일으키기 위해 성장해야 한다. 내 나이를 '늙은 여자'로 단정짓는 사람들 사이에서 버티려면 오늘보다 조금 더 멋진 사람이 되어야만 한다. 그렇게 평생 성장한다. 어린 시절 키가 자라느라 생기는 고통이 너무 괴로워 침대에서 다리를 주무르고 두드리던 것처럼 성장은 언제나 아프고, 더욱이 이제는 어릴 때보다 더 잘 견딜 수 있다는 이유로 더 크게 상처받을 것이다. 그럼에도 나는 끊임없이 어떤 방향으로 자라고 자라고 또 자라 생을 마감하겠다.

그럼 다시 처음으로 돌아가 묻고 싶다.
당신의 서른다섯은 어떤가.
어제인가 오늘인가 내일인가.
예감인가 실감인가.
이 책은 자유 이용권이 만료된
서른다섯 살의 여성이 성장하는 모험기이다.

> 안전에 대한 책임은 탑승객 본인에게 있습니다.
> 자, 떠날 준비가 되었습니까?

내 몸의 자유 이용권 만기를
온몸으로 느낀다.
신께서 내게 선사하신
성장의 나이는 서른다섯이다.

그러나 나는
지적 호기심을 멈추지 않고
진화하겠다.

생리 주기와

우주의 섭리

내가 처음 생리를 시작한 나이는 중학교 1학년이었다. 지금으로 치면 남들보다 많이 더딘 시간이었겠지만 당시로 치면 무난하게, 약간 늦은 정도였다.

처음에 나는 생리가 생리인 줄 몰랐다. 자고 일어났는데 팬티가 축축하게 젖어 있어서였다. 엄마에게 이게 뭐냐고, 나 죽는 거냐고 물어봤다가, 이게 생리라는 말을 들었다. 성폭력이나 추행에 대해서 내 몸을 거부할 권리가 있다고 구성애 아줌마에게 성교육을 받긴 했지만 생리는 배운 적이 없었다. 그렇게 영문도 모른 채 생리를 시작했다.

생리는 이상했다. 하루면 끝날 줄 알았는데 그렇지도 않았고 친구에게 배가 살살 아프다고 들었는데 나는 멀쩡했다. 그리고 뭔가가 팬티에 쏟아진다는 느낌이 가끔 났는데 대부분 자리에서 일어날 때 그랬다. 피를 낳는 기분이라고, 조금 일찍 생리를 시작한 친구들이 말해주었다.

가장 귀찮은 것은 기저귀 같은 것을 시간마다 갈아줘야 하는 것이었다. 친구들은 생리하는 사람에게 무슨 냄새가 난다든가, 노상 붙어 다니면 생리가 옮는다든가 하는 비과학적인 이야기를 떠들며 나에게 소속감을 안겨주었다. 가장 기억에 남는 이상한 일은, 생리라는 것이 여자가 된 증거라며 동네방네에 알려, 마치 기념일처럼 생리를 축하한다는 소리를 듣고 다닌 일이었다.

생리는 정확한 때에 어김없이 찾아왔다. 28일 주기로 교과서에서 배웠던 대로 매달 꼬박꼬박 시작했다. 그리고 역시나 교과서에 쓰인 것처럼 때때로 통증을 유발했고, 그 통증이나 생리를 달에 두 번 겪는 것은 스트레스를 그만큼 많이 받은 것이니 유의해야 했다. 생리는 길게는 7일, 평소에는 5일 정도 이어졌는데 그동안은 꼼짝없이 소극적으로 움직일 수밖에 없었다.

| 탐폰을 쓰면 안 되는 거예요?

그러니까 말이다. 당시 탐폰은 미국에서 들어온 신문물로 외국에서 유학했던 언니들이나 쓰는 것이었다. 그래서 엄마는 잘 몰랐다. 탐폰을 질 안에 넣어야 하니까 탐폰을 쓰는 것을 유사 성행위라고 생각한 모양인지 엄마는 거

부감이 심했다. 내게 처녀막이 터질지도 모른다는, 지금 들으면 정말 말도 안 되는 이야기를 했다. 결국 나는 성인이 되고 탐폰이 어떤 것인지 알게 된 후에야 탐폰의 신세계를 맛보았다.

생리가 늦으면 몸에 이상이 있는 것이니 가까운 병원을 찾아가 보라는 얘기도 있었다. 생리로 달마다 정기 검진을 받는 기분이었다.

생리통이 유독 심하거나 주기가 늦어지거나 혹은 너무 빨라지면 그달은 정말 괴로운 시간을 보냈다. 내 친구들도 모두 마찬가지였다.

성인이 되었다. 이젠 생리를 하면 짜증, 안 하면 걱정인 시기가 되었다. 생리가 늦어지면 불안하고 초조하여 산부인과에 가기도 했다. 그리고 거기서는 아무 이상이 없으니 기다리라고 했다. 신기하게도 산부인과에서 돌아오면 머지않아 생리가 시작됐다.
내가 하고 싶은 말은 이것이다. 생리의 유무, 양 등은 내게 어쩌면 심리적인 것이 아니었을까 하는 것.

하지만 지금은 어떠한가.

며칠 전 동갑내기 친구들과 냉동 난자에 대해 이야기를 나누었다.
그러나 그 뒤에 친구가 덧붙인 말이 나를 불안하게 했다.

| 너 요즘 생리 며칠 해?
　　| 나?

생각해 보니 언제부턴가 생리가 3일에서 4일이면 끝났다. 생리대가 아까울 정도로 양도 적었다.

| 너도 요즘 생리 적게 하니?
　　| 응, 사흘이면 끝나고 양도 적어.
| 다 그렇구나.
　　| 우리가 나이 들었다는 증거지.
| 조금 실감 나네.

근데 만약에 우리가 아이를 낳지 않는 몸이라면 이렇게까지 불안해했을까?
아이를 낳으려니까 노산이라는 말, 생리 양이 줄어드는 것이 신경 쓰이는 것이다. 세상에는 여러 사람과 그 여러 사람의 다양한 선택이 있다. 나는 아이를 가지려고 애쓰는 삶은 살고 싶지 않다. 정말로 신께서 내게 아이를 준다

면 그때는 고민을 거쳐 낳아서 길러보고는 싶다. 생기는 것은 어쩔 수 없지만 그렇다고 해서 아이를 반드시 낳고 싶다는 쪽은 아니다. 그러니까 나는 노산이나 잠재적 가임기 여성이라는 비좁은 진단을 훌훌 던져버리고 새 삶을 살고 싶다. 사람들은 내게 말한다. 하루라도 더 빨리 결혼해야 애도 낳고 이상적인 삶을 살지 않겠냐고. 이상적인 삶은 누가 선택한 기준일까. 나는 신체적으로 생리 일수가 약간 줄어든 것을 제외하고는 대체로 건강하다. 호르몬은 내가 어떻게 막을 수 있는 것이 아니므로 그냥 그렇게 흘러가도록 두는 것이다. 이는 가임기 여성의 숙명이다.

생각해 본다.
여성은 폐경이라는 것이 있다.
남성은 그렇지 않다.
이 차이 때문에 여성은
늘 나이 듦에 대해서 괴로워해야 한다.

신은 정말로 여성은 조금도 신경 쓰지 않고
창조했음이 틀림없다.
이것에 대해 스트레스 받지 않으려면
선택은 단 하나뿐이다.

나는 나의 역할을 출산이 전부인 사람이 되도록
놔두지 않을 거예요.

저는 가임기 여성이 아니에요.
여성이에요.

아이를 낳는 일은 부부의 합의와 선택이에요.

그러니까 늦었다는 말 마요.

여성은 폐경이라는 것이 있다.
남성은 그렇지 않다.

이 차이 때문에 여성은
늘 나이 듦에 대해서
괴로워해야 한다.

신은 정말로
여성은 조금도
신경 쓰지 않고
창조했음이 틀림없다.

더는 흰머리를

새치라 우기지 않기로 했다

처음은 가르마였다.

가르마 사이로 삐죽 새치가 돋아난 것이었다.

뽑았다.

거기서 멈출 줄 알았다.

두 번째도 가르마였다.

이번에는 3:7 가르마에서 7 부분에 돋아나 있었다.

뽑았다.

하지만 새치는 지치지도 않고 나고 또 났다. 위기감을 느껴 인터넷에 더듬더듬 검색을 해본다.
왜 나는지는 전혀 알 수가 없고, 사람마다 원인이 다르다고 써 있었다. 대부분의 원인은 스트레스와 노화 둘 중 하나인데 난 둘 다인 것 같았다.
그리고 해결 방법은 조금 단순했다.

> 흰머리는 그냥 뽑으면 더 자라게 되어 있습니다.
> 흰머리를 꼭 짧게 잘라주세요.

그때부터 가르마에 있는 새치를 잘랐다.
돋아나면 자르고 돋아나면 잘랐다. 그러나 이것은 하나의 전조였다. 이 새치가 대반란을 일으킨 것은 그로부터 얼마 지나지 않은 때였다.

누구나 알다시피 시인은 돈을 못 번다. 수치로도 나와 있는 엄연한 사실이다. 돈 못 버는 직업 1위 시인. 그렇게 '가난한 시인'이라는 수식어가 아니라 시인은 태생적으로 '시인'이라는 타이틀을 얻으며 가난도 얻는다. 가난은 알다시피 숨기기 어렵다. 왜 흰머리에 대해 이야기하다 갑자기 가난에 대해 이야기하는지 궁금한 사람도 있을 것이다. 이유는 단순하다. 내가 제때 '자본 치료'만 잘했더라도, 화가 치솟을 때 가지고 싶은 물건을 사거나 어디론가 훌쩍 떠나버릴 수 있는 '텍스트 디톡스'만 잘했어도 나는 흰머리를 이렇게 일찍부터 가지지 않았을 것이다. 나는 가난해서 늘 스트레스에 시달렸다. 뿐만 아니라 글이라도 잘 썼다면 그나마 문학으로 고통을 풀었을 텐데, 그때는 못 쓴 글, 잘 쓴 글을 나눌 수 있는 상태가 아니었다. 그때의 나는 확신이 없었다. 갑자기 잘 달리다가 멈추어 서서 내가 왜 달리고 있는지 자문하던 시기였다. 내가 쓴 문장이 모두 타인이 쓴 문장처럼 느껴지는가 하면, 글을 써도 알릴 길이 없어 책을 들고 '내 시 좀 봐줄래' 하며 온 동네를 전전하던 시기였다. 그러니까 나는 글을 쓰긴 쓰면서도, 전이랑 같아도 문제고 달라도 문제인 시기를 겨우 살아가고 있었다.

사실 이렇게 길게 쓸 필요도 없이 한마디로 표현할 수 있다.

문학 때문에, 가난 때문에 스트레스를 오지게 받았다.

그 탓에 이소호는 새치 30여 개를 얻었다.
그런데 새치 30여 개가 다가 아니었다.
가르마에는 두 개가 전부였으나 그것은 페이크fake였다.
머리를 반대편으로 넘겼을 때 발견하고 말았다.
형광등 아래 반짝이는 수많은 새치들을.

나는 울먹이며 곧장 엄마를 불렀다. 이것은 필시 유전적인 것이라는 생각이 들었기 때문이다. 엄마의 흰머리를 뽑으면 50원씩 받던 시절을 똑똑히 기억하는데, 내가 왜 이 나이에 이렇게 많은 새치를 얻게 된 것인지 엄마의 증언이 필요했다.

| 엄마, 엄마는 언제부터 흰머리 났어?
| 나? 난 너보다 젊을 때부터 났어.
| 아빠는?
| 아빠는 마흔이 넘어 났지.

그러니까 나는 엄마와 아빠의 중간쯤 되는 나이에 새치가 나기 시작한 것이다. 신비한 유전의 법칙이었다.

| 엄마, 얼마나 많은지 봐봐. 뽑아도 될까?

걱정 어린 목소리로 묻자 엄마가 내 머리를 유심히 잡고 고릴라들이 서로 털을 솎아주는 것처럼 구석구석 살폈다. 그리고 말했다.

| 이 정도면 흰머리지, 새치 아니다.

이제 해결 방법에 대해서 생각해 본다. 첫째, 염색하면 된다. 그러나 나는 평생 염색을 해본 적 없다. 이유는 하나다. 내 머리카락은 약하다. 햇빛에도 다 타버리는, 영양과 수분이라고는 하나도 없는 듯 보이는, 여리기만 한 머리칼을 가졌다. 그러므로 염색은 불가능하다. 둘째, 흰머리를 보이는 족족 뽑아버린다. 그렇게 보이는 족족 뽑아버리는

발모광을 앓다가 흰머리가 뒤섞인 빛나는 머리칼을 가지기도 전에 대머리가 되겠지. 결국 나의 선택은 하나밖에 남지 않았다. 흰머리와 함께 살아가는 것. 더부살이들이 내 머리를 점점 점령해 나가는 것을 눈 뜨고 지켜보는 것.

모두가 그렇겠지만 이 일은 아주 큰 결심이 필요하다. 머리카락은 나에게 늘 콤플렉스였다. 가늘고 부스스하여 펌을 하면 삼각김밥, 생머리로 기르면 최양락이 되어버리는 이 머리는 정말 끔찍했다. 여기에 흰머리라면 무슨 모양으로 나를 치욕의 구렁텅이에 빠트릴까. 수치에 수치를 더하면 뭐가 될까. 그렇게 내 미래를 상상했다. 나도, 타인도 실감하는 노화를 꼽으라면 흰머리가 가장 대표적이라 생각했던 나는 깊은 고민에 빠졌다. 다른 부분의 노화는 나만 느끼니 참을 수 있지만 흰머리는 누구나 알게 되는 것이 아닌가. "너 흰머리 생겼네" 따위의 말을 듣게 되는 것이다. 결심한 지 하루도 채 되지 않았는데 상상이 눈덩이처럼 불어나 두려워졌다. 걱정이 한계에 달하자 엄마를 붙들고 물어보았다.

> 엄마, 엄마랑 아빠는 왜 이제 염색하지 않아?
> 염색이 소용없어진 것 같기도 하고
> 이게 자연스럽다고 생각하니까.

| 관리는 어떻게 해야 해?
| 그냥 가만히 내버려 두면 브릿지처럼
| 삼십 대다운 머리칼이 될 거야.
| 그러면 가만히 둬도 예뻐.

검고 진한 머리칼이 아닌, 밝고 빛나는 이 머리칼을 어떻게 잘 키울 것인가.

잠시 검색의 힘을 빌린다.

외국에는 흰머리를 염색하지 않고 그대로 두는 '그레이 헤어'라는 이름까지 이미 있었다. 그레이 헤어를 가진 유명인들이 꽤 많은데 그들은 자신의 노화를 받아들이며 멋지게 살아가고 있었다. 노화의 상징이라 생각한 흰머리가 명칭까지 있다고 하니 갑자기 힙한 것 같기도 하고 이상한 용기도 생겼다. 제니퍼 애니스톤이 그레이 헤어족이라는 것을 알자마자, '아메리칸 스윗 하트'도 저렇게 자연스럽게 늙어가는구나 생각이 들어 한결 안심이 됐다. 니콜 키드먼도 보톡스를 맞지 않는다고 한다. 오히려 자연스럽지 않을 거라고, 맡을 수 있는 역할은 줄겠지만 그래도 괜찮을 거라고 생각했다고 한다. 이는 오십에서 육십 대로 늙어가는 여배우에게 엄청나게 힘든 결정이었을 것이다. 주인공보다는 조연으로 자리를 내주게 될지도 모를 일을 감수한 것이기 때문에 난 그녀들이 너무나 위대해 보였다. 갑자기 내 고민이 너무 자그맣게 느껴진다. 시인이 흰머리가 많다고 해서 문제가 될 일은 없기 때문이다. 일이 줄지도 않고, 그렇다고 일이 늘지도 않을 것이다. 나는 지금까지 그랬던 것처럼 시를 쓰고 산문을 쓰고, 오늘처럼 내일도 모레도 하루하루 살아낼 것이다. 그렇게 나는 나를 받아들이기로 했다.

가장 먼저 한 일은 더는 가르마의 흰머리를 자르지 않은 것이었다.
지금은 어떻게 되었느냐. 가르마에 흰머리가 조금 더 많이 자랐다. 하지만 괜찮다. 자연스러운 삶을 살아가는 사람이라면 누구나 겪는 일이니까. 괜찮다. 괜찮다.

나는 그레이 헤어족이다.

가르마에 흰머리가
조금 더 많이 자랐다.
하지만 괜찮다.
자연스러운 삶을 살아가는
사람이라면
누구나 겪는 일이니까.
괜찮다. 괜찮다.

나는 그레이 헤어족이다.

앉아 있는 자의 숙명

그해는 좀 달랐다. 아무것도 쓰지 않았던 1년을 지나 눈 감는 시간을 제외하고는 책상에 앉아서 글을 썼다. 문제는 작년과는 다르게 글이 너무 잘 써진다는 것이었다. 일상의 모든 일이 시나 산문이 되어 돌아왔다. 그렇다. 언제 강림하실지 모른다는 글쓰기의 신이 오신 것이었다. 갑자기 뜻밖의 재능이 샘솟는 바람에 나는 이 감각을 잃을까 두려워 닥치는 대로 쓰기 시작했다. 책상은 늘 어두웠고 나는 키보드를 툭툭 두드리며 글을 썼다. 물 들어올 때 노를 젓느라 손가락이 곪아 터진 줄도 모르고 그저 앞으로 앞으로 전진만 했다. 자의 반, 타의 반으로 나는 책상을 벗어날 수 없는 저주에 걸리고 만 것이다. 그만 쓰고 싶을 때마다 상상 속의 목소리가 들렸다. 그 목소리가 "이 책을 다 쓸 때까지 넌 이곳을 벗어날 수 없어"라고 말하는 것 같았다. 하지만 내가 누군가. 문단 최고의 '쫄보'. 원고가 늦어서 죄송하다는 말을 하는 것이 두려워, 망한 시라도 겨우 지어 8년간 마감을 단 한 차례도 어기지 않은 인물이 바로 나다. 그러니까 거대한 계약을 파기할 돈도, 용기도 절대 없었으므로 썼다. 약 4개월간 뜬눈으로 밤을 지새우며 겨우겨우 네 권의 책을 썼다. 코로나 시대를 핑계로 집에서 움직이지도 않고 그저 쓰기만 했다. 잠은 쪽잠을 잤다. 왜 고치고 싶은 부분은 매번 깊은 잠이 들기 전 선잠에 빠졌을 때 생각이 나는지 모르겠다. 그래서 2019년 말부터 지금까지 나는 쓰는 기계였다.

당시 내가 스트레스를 풀기 위해 유일하게 의지하던 것은 음식이었다. 사랑을 줄 사람도, 사랑을 받을 만한 일도 없었던 나는 스트레스를 받을 때마다 집에 할머니 드시라고 사둔 간식을 몰래 다 먹어버렸다. 거기에는 페레로 로쉐도 있었고, 하겐다즈 아이스크림도 있었다. 마카롱을 일주일 치 사서 하루에 하나씩 꺼내 먹는 것이 유일한 낙이었다. 그 모습을 보고 엄마가 말했다.

| 소호야, 너 그러다가 돼지 돼.
돼지라니 불쾌했다.

| 할머니가 드시지 않아서 굴러다니는 것 좀
| 먹는 건데, 그것도 안 돼?

나는 그렇게 대꾸하며 엄마의 조언을 무시한 채 단 음식을 계속해서 먹었다. 가족력으로 당뇨와 간암이 있었지만 상관하지 않았다. 먹지 않으면 쓰지도, 살지도 못할 것 같았다. 글을 쓰기 위해서는 반드시 탄수화물과 설탕이 필요하다. 그러나 나는 밥을 섭취할 시간조차 없었다. 고당분과 고칼로리의 빵이나 군것질거리를 섭취하며 연명했다. 망가진 몸매는 '글'을 쓰고 있으므로, 언젠가 마침표를 찍으면 돌아올 수 있겠다고 생각했다. 그러므로 '몸'은 '글' 그 다음의 이야기였다. 그래서 살이 쪄도 전혀 부끄럽지 않았으며 그 살은 곧 빠질 수 있으리라 생각했다. 내가 늘 해버릇하던 다이어트 방식으로도 충분하다고 생각했다. 한 끼를 먹지 않으면 한 끼만큼 빠졌고 두 끼를 먹지 않으면 두 끼만큼 빠졌으므로 이번에도 이 살을 손쉽게 뺄 것이라고 자신했다.

그러나 나이를 먹어 기초 대사량이 줄어버린 나는 아무리 굶어도 살이 빠지지 않았다. 오히려 잠결에 폭식하는 일도 잦았다. 자다 일어나서 냉장고에서 음식을 찾으면 제일 먼저 보이는 것이 아이스크림과 초콜릿이었다. 그 시간에 밥을 지어 먹는 것은 다른 가족 구성원에게 폐를 끼치는 것 같았다. 그래서 간단히 허기를 달랠 수 있는 음식을 주로 먹었다. 밤마다 너무 배가 고파 잠결에 음식을 찾아 먹고 기억하지 못하는 일도 잦았다.

그렇게 일에 대한 욕심에 정신과 약 부작용까지 더해져 토실토실하게 살이 올랐다.
그렇게 반년이 지났다. 이름보다 돼지라는 소리를 더 많이 듣는 시점에 이르자 나는 이제야말로 다이어트를 해야겠다고 생각했다. 처음에는 남들처럼 굶었다. 그러나 아무리 굶어도 살이 빠지지 않았다. 나는 뉴욕에서 살이 쪘을 때를 기억해 냈다. 그렇게 심하게 살이 찌지도 않았는데, 나는 매번 학교 운동장을 산책했고 방 안에서 작업대 책상*을 오르내리며 한 달 만에 원래 몸무게를 되찾았다. 그렇게 과거처럼 굶고 걷고 계단만 이용했으나 내 살은 꿈쩍도 하지 않았다. 그래서 다음으로 찾은 방법은 유튜브에 널리고 널린 다이어트 댄스를 따라 추는 것이었다. 브레이브걸스 〈치맛바람〉 안무를 외워, 내가 제5의 멤버가 아닐까 의심이 들 정도로 췄다. 그렇게 2주간 시키는 대로 춤을 추었는데도 살이 빠지지 않았다. 결국 나는 자본의 도움을 받기로 했다. 피트니스 센터를 찾아가 등록했고, 당연한 수순으로 인바디를 측정했다.

│ 이거 진짜 제 인바디가 맞나요?
│ 네, 회원님. 기계는 거짓말을 하지 않죠.

부끄럽지만 여기에 인바디의 결과를 공개한다. 오늘의 나를 한마디로 표현하면 말 그대로 '수부지'였다. 수분 부족에 근육 대신 지방뿐인 내 몸을 인바디에게 들켰다. 팔다리는 말랐고 엉덩이 바로 아래 선부터 가슴 아래까지는 통통하게 살이 쪄 있었다. 앉아 있으니까 그 부위만 찐 게 틀림없었다. 게다가 예측은 처참히 무너졌다. 나는 아무리 많이 나가봤자 한 50킬로그램 중반쯤 되지 않을까 생각했는데, 실제 내 몸무게는 60킬로그램이 넘는 경도비만이었다. 지금껏 몸무게 미달로 헌혈조차 하지 못했던 저체중의 삶을 일평생 살았던 나는 이 결과가 너무나 충격적이었다. "선생님, 기계가 거짓말을 한 것 같아요." 이렇게 말하고 나는 한 번 더 불행의 단상 위로 올라갔지만 결과는 전혀 바뀌지 않았다. 그 길로 곧장 PT를 끊었고 닭 가슴살을 10만 원어치 주문했다. 운동의 필수템 애플워치도 샀다.

> 사람이 갑자기 15킬로그램 이상 쪘다는 게
> 가능한 일인가요?

> 스트레스가 많으셨나 봐요. 그럴수록 그만큼 많이
> 움직이고 적게 드셨어야 했는데.

집에 오는 내내 트레이너의 말을 곱씹으며 망한 내 몸을

● 원래는 식탁이었으나 내 다리를 3분의 1만 남기고 잘라 만든 작업용 좌식 책상.

탓했다. 그래, 생각해 보니 내 몸은 끊임없이 신호를 주고 있었다. 지금이라도 늦지 않았으니 돌아오라며 여러 신호를 보냈다. 나는 그렇게 나를 구원할 기회를 놓쳤다. 어쩐지, 웃을 때 광대가 안경에 닿았던 것을 이상하게 생각했어야 했다. 롱부츠에 종아리를 간신히 넣었을 때도, 함께 산책하던 엄마가 나의 뒷모습을 알아보지 못했을 때도, 아빠가 잘했다고 엉덩이를 토닥이면서 "이제 뾰족 궁둥이가 아니네"라고 했을 때 깨달았어야 했다. 흘려듣지 말고 몸이 보내는 신호에 귀를 기울여야 했다. 너 살찐 것 같다고 누가 말할 때마다 "내가 내 돈 내고 찌운 살을 왜 돈 내고 빼냐"라는 우스갯소리로 응수했는데…….

나는 옷장을 열어본다. 가을에 겨울옷을 대본다. 1년 전, 프로필 사진을 찍었을 때 입었던 옷을 다시 입어본다. 그리고 깨닫는다. 옷장에 걸린 옷 중에 '진짜로' 입을 수 있는 옷들이 모두 사라져버린 사실을. 갑자기 울적해졌다. 나는 얼마 만에 원래의 나로 돌아갈 수 있을까. 지금껏 살면서 이런 고민을 해본 적이 없었다.

낯설다. 이건 내가 아닌데.

서른이 되었을 때는 정말 즐거웠다. 성인이 된 지 10년째 되는 해였으므로 어려운 일이 닥쳐도 어느 정도 초연하게 넘길 수 있었다. 생각도 제법 성숙해진 것 같았다. 게다가 체력은 이십 대 때와 별반 다르지 않았다. 체중은 먹으면 늘고 안 먹으면 안 늘었다. 아파도 금방 나았고 술을 밤새워 마시고도 다음 날 태연하게 출판사 미팅을 나갈 수 있었다. 옷은 팔다리가 시원하게 드러나는 딱 붙는 옷을 즐겨 입었다. 코르셋처럼 잘록한 허리를 드러낸 옷들로 사이즈는 스몰이나 엑스 스몰이었다. 그러나 안타깝게도 고작 5년이 지나 서른 중반에 들어서면서 나는 내가 달라졌음을 여실히 느낀다. 조금만 힘들어도 스트레스를 받고, 조금만 움직여도 숨이 차고, 조금만 먹어도 살이 찌고, 덤으로 흰머리까지 듬성듬성 나버린 지금, 종합비타민과 유산균, 콜라겐까지 종류별로 영양제를 입에 털어 넣어야 하는 지금 온갖 인풋이 들어가도 아웃풋을 내기가 너무나 힘들다는 것을 몸으로 느낀다.

그래도 이번에 통통해지면서 배운 게 있다면 앉아서 쓰는 일이 아무리 중요해도 어느 시간에는 성실히 움직였어야 했음을 깨달은 것이다. 성실하게 쓰는 만큼 성실하게 쓰고, 그만큼 성실하게 나를 마주봐야 한다는 것이다. 마치 내가 백지 위에 내 속마음을 이렇게 다 까발리는 것처럼.

나는 이십 대의 몸을 떠올리며 오랜만에 용기 있게 거울과 마주 섰다. 홀딱 벗은 채로 거울 속의 나를 찬찬히 들여다본다. 오랫동안 입은 바지의 고무줄 위치를 붉은 자국이 보여주고 있다. 그 자국을 기준으로 위아래로 나뉘어 튀어나온 배부터, 방석 없이도 푹신함을 거뜬히 유지해줄 법한 두툼한 엉덩이까지 자세히 아주 자세히 살핀다. 확실히 예전과는 다르다. 살갗 아래에서 툭툭 튀어나왔던 뼈들도 자취를 감추었다. 나는 조금 더 가까이 가서 얼굴을 살핀다. 살피다 유튜브에서 나를 울린 의사의 말을 떠올린다.

> 모공이 좀 커 보이시나요? 놀라지 마세요.
> 그게 바로 늙고 있다는 징조니까요.

내 거친 모공과 불안한 눈빛과 그걸 지켜보는 나를 이제 인정하기로 했다. 그래, 이제 노화 시작이다. 인정하고 나니 편안해진다. 슬며시 웃음이 나기까지 한다. 웃으니 거울 속의 눈이 사라진다. 사라진 내 눈과 활짝 열린 입술 근처에 잔주름이 조금씩 보인다. 팔과 다리, 가슴과 배와 엉덩이, 머리끝부터 발끝까지 나는 다시 한 번 내 몸 이곳저곳의 주름을 톺아본다. 어느새 새벽. 하루가 지났다.

어제와 오늘의 차이는 이렇게나 간략한데
왜 한 달의 차이는 이토록 어마어마한 걸까.
역시 일보다는 건강이 최우선인 것 같다.

그래서 말인데, 앉은 자리에서 일만 하는 회사원들에게도 묻고 싶다. 책상에 앉아 일하는 사람들은 나와 같은 작가 말고도 많다. 건강을 잃었던 그 시기를 견딘 많은 사람들에게 묻고 싶다. 9시부터 6시, 꼼짝 않고 일만 하는 당신의 몸에게 묻고 싶다.

당신은 오늘 얼마나 움직였나요.
얼마나 자기 자신을 위해서 움직였나요.
괜찮은가요?

마음 놓고
웃어도 될까?

세상에 콤플렉스가 하나도 없는 사람이 있을까? 내게도 수많은 콤플렉스가 있지만 가장 오랫동안 고민하던 것 중 하나가 바로 팔자 주름이다. 팔자 주름은 늘 나에게 지대한 영향을 끼쳤다. 노화가 진행되면 진행될수록 자연의 섭리에 따라 더욱 도드라져 수습이 안됐고, 어떤 탄력 크림을 발라도 소용이 없었다.

그러나 나도 나의 웃는 모습을 좋아할 때가 있다. 내가 가장 예뻐 보이는 표정을 알게 되면서 나를 사랑하게 되었기 때문이다. 나는 직업 특성상 책이 나올 때마다 프로필 사진을 굉장히 많이 찍는다. 사진작가들은 나를 찍어줄 때 왼쪽이 잘 나오는지 오른쪽이 잘 나오는지 묻는다. 그럼 난 늘 당당하게 대꾸한다. 활짝 웃는 정면이오. 나는 정면이 젤 예쁘다. 내 입으로 예쁘다고 말하려니 조금 쑥스럽지만 사진 좀 찍어봤다던 사진작가들이 하나같이 입을 모아 해준 이야기다. 왼쪽과 오른쪽을 번갈아 찍다 결국 정면으로 넘어가면 "진짜 정면이 제일 낫네요. 웃으니까 더 낫고요"라고 어김없이 말한다. 그래서 나는 셀카고 뭐고 다 정면으로 찍는다. 환하게 웃으면서. 가끔 사진작가가 내 작품이 어둡다는 이유로 웃지 않기를 요구할 때가 있다. "웃지 말고 뚱하게 저 멀리 바라보세요." 사진을 찍고 나서는 아주 좋다고, 분명히 아주 좋다고 하더니 프리뷰를 보여주지 않았다. 다음 날 내 이름을 검색한 나는 기겁하지 않을 수 없었다. 나는 한쪽 주름이 움푹 팬, 나이가 서너 살은 더 들어 보이는 여자로 박제되어 있었다.

사진을 내려달라고 할 수도 없었다. 사진을 제외하고는 올라간 기사 내용이 괜찮았기 때문이다. 그래서 나는 소개팅을 할 때 제발 저를 미리 검색해보지 말라고 한다. 하지만 인간은 미리 알면 알수록 유리한 고지를 선점하는 법이다. 그들은 '이소호'라고 쉽게 검색하고 쉽게 찾고 쉽게 보고 쉽게 판단해 얼굴을 보기도 전에 나를 깠다.

야, 너희도 무방비 상태로 한번 찍혀봐라.
내 얼굴을 하나도 고려하지 않은 조명을 받으며 있어봐라.

울부짖고 싶었지만 우리는 만날 기회조차 없었다.

물론 나는 포털 사이트에도 프로필이 올라가 있는 사람이므로 최대한 최선을 다해 그들을 이해하려고 노력했다. 아니, 하는 척했다. 매번 불공평하다고 욕하고 싶지만 욕은 여기다 쓴다.

나도 너 존나 별로임.
나도 너 만나는 거 존나 내려놓은 거다.

상대에게는 당연히 이렇게 답장했다.

> 좋은 인연 만나세요.

아무튼 그런 일이 있고 난 다음부터 더욱더 팔자 주름이 신경 쓰이기 시작했다. 나는 말이 많고 웃음이 많으니까 앞으로 주름이 더 깊어질 일만 남았다. 게다가 노화를 막는다는 것은 불가능하다. 누가 나에게 발치 교정이 팔자 주름을 더욱 심각하게 한다는 사실만 미리 알려줬다면 나는 다른 길을 택했을 것이다. 어린 시절부터 웃는 것이 참 예쁘다던 어린이는 나이가 들어 팔자 주름을 걱정해야 하는 사람이 되었다. 너무나도 당연한 것이 나에게는 어떻게든 무너지는 댐 안에 팔 한쪽을 쑤셔 넣어서라도 막고 싶은 그런 것이 되어버리고 말았다.

그래서 내가 선택한 솔루션은 어쩔 수 없이 피부과를 다니는 것이었다. '리니어펌 600샷'이라는 것이었는데, 피부과 실장님의 말에 의하면 이게 피부의 텐션을 끌어 올려준다고 했다. 피부과 실장님은 "피부를 한껏 올려주니 팔자 주름도 조금 괜찮아 보일 거예요. 그 이상은 성형외과에 가셔서 안면 거상을 하셔야 해요"라고 말했다. 안면 거상이 뭐냐고 물으니 얼굴 피부를 당겨서 꿰매는 거라고 했다. '얼굴을 다 당겨서…… 뭐?' 잔뜩 겁을 먹은 나는 3개월에 한 방, 세 개 패키지인 '99만 원 초특가 리니어펌'을 신청했다.

리니어펌 600샷을 처음 맞은 날을 기억한다. 일단 마취 크림을 발랐다. 마취 크림을 바르면서 생각했다. '점 빼는 정도인가?' 피부과를 잘 몰랐기에 그냥 그렇게 생각했다. 입 주위가 약간 얼얼해질 때까지 나는 대기 중이었고, "이소호 님, 들어오세요"라는 말 한마디에 하얗고 거대한 기계가 존재감을 내뿜고 있는 방으로 들어갔다. "잠시 누워 계실게요." 간호사가 말할 때까지만 해도 나는 겁을 먹지 않았다. 그러나 간호사가 갑자기 나에게 아련한 눈빛을 보냈다. 왜일까. 왜 저렇게 나를 볼까. 그리고 안정에 도움이 된다며 두 손을 꼭 잡으라고 했다. 왜지. 왜 두 손을 꼭 잡아야 할까. 그때까지만 해도 리니어펌의 고통을 짐작하지 못했다. 의사가 들어왔다. 의사는 초음파 젤을 듬뿍 바르며 아프면 말하라고 했다.

> 선생님……. 아프면 말하라고 했는데 계속 아프거든요? 언제까지 참아야 해요? 이거?

영겁과 같은 고통의 시간이 지나갔다. 뜨거웠고 따가웠다. 마취를 했는데도 몇 번이나 아프다고 말하면서 시술을 멈추게 할 정도였다. 그 정도면 어느 정도의 고통인지 짐작하리라 믿는다.

그렇다. 리니어펌은 피부 탄력을 위해 레이저 600샷을 쏘는 것이었다. 짐작조차 못했던 나는 마침내 시술을 마치고 얼얼한 얼굴을 한 채 진료실을 나섰다. 그러자 간호사가 제정신이 아닌 나를 끌고 재생 레이저를 맞으러 가자고 했다.

누웠다. 불타는 지옥에 있는 기분이었다. 환했다. 아니다, 여기가 천국이었을 수도 있겠다. 효과는 확실했으니까.

그날부터 리니어펌을 맞으러 가는 날에는 미리 겁을 먹는다. 오늘은 나에게 얼마나 큰 고통을 줄까. 리니어펌은 주사를 레이저로 쏘는 거구나. 몰랐을 때가 좋았다고 생각한다. 하지만 경험이 쌓일수록 용기도 커지는 법. 게다가 의사가 서비스라며 내 팔자 주름 위에 재생 주사도 놔주었다. 다음 날 내 얼굴을 본 엄마는 효과가 이토록 확실한 것을 보지 못했다며 그 주사는 얼마인지 물어보라고 했다. 이래서 피부과 중독이라는 게 있구나 싶었다.

아무튼 나는 노화 방지를 위해 지금도 몸부림치고 있다. 돈을 버는 족족 피부과에 쏟아붓고 있다. 언젠가 연예인이 방송에 나와서 했던 말이 생각난다. "피부가 너무 좋으세요. 타고나신 거예요? 호호." 상대가 물 많이 마시라고, 많이 웃으라고 할 줄 알았던 그 연예인은 이렇게 말했다. "무슨 소리예요. 피부는 돈이에요. 여러분, 돈을 쓰세요."
그녀는 정말 솔직했다. 내가 요즘 제일 많이 듣는 말이 피부가 너무 좋다는 이야기니까.

여러분, 피부는 돈이에요.
좋은 피부는 쓰는 돈과 비례하고
돈을 들인 만큼 확실한 결과를 얻을 수 있습니다.
저는 또 리니어펌을 맞으러 갑니다.
꾸준히 맞겠습니다.
덜 파인 팔자로 우리 웃으며 만나요.
많이 웃을 일이 생겼으면 좋겠으니까
어떻게든 돈으로 막아볼게요.

소호의 시간은
빠르게 흐른다

돈은 있는데 시간이 없다고, 지금보다 좀 더 젊었을 때 선배들이 하던 말이 생각난다. 맞다. 이제 교환 가치가 달라진 것이다. 나는 돈보다 시간이 중요한 사람이 되었다. 선배들이 그 말을 하던 서른 중반이 되어서 나 또한 그렇게 되었다.

일단 내가 가장 먼저 시간을 줄인 것은 소개팅이다. 예전에는 마음에 들지 않아도 몇 번 만나보고 사귀기도 했고 그렇게 해서 좋아지기도 했지만 이젠 그렇게 살고 싶지가 않아졌다. 별로면 그냥 '아, 별로다'에서 끝내고 공들여 문자 메시지를 쓴다.

제가 말이에요. 이렇게 저렇게 살았는데 우리는 어울리지 않아요. 억지로 맞추지 말고 맞는 사람을 찾는 게 낫지 않

을까요? 그게 빠르니까요.

이렇게 문자를 보내버린다. 상대방은 어처구니없겠지만 나는 시간이 없다.

헤어지는 것도 빨라야 한다. 나는 시간이 없기 때문이다. 떠난 남자의 눈빛이나 행동 같은 것들을 캐치하는 순간 재빨리 헤어지자고 선수를 쳐야 한다. 고백도 내가 먼저 했는데 내가 먼저 까일 수는 없지 않은가? 아무튼 이런저런 이유로 상대방이 조금만 눈이 동태가 되어도 나는 얼어붙기 전에 헤어지자고 말한다. 저 멀건 눈에 희망을 걸고 우리 이 난관을 극복해 보자고 몇 번이나 노력했지만 뜻대로 되지 않았다. 헤어졌다 다시 달라붙는 것은 더 최악이다. 또 똑같은 이유로 헤어지고 그 끝은 더 더럽다. 과정이 더럽다. 그러니까 사랑을 하는 것과 사랑을 끝내는 데 시간을 최소화하는 셈이다.

자기소개도 시간이 아깝다. 언제까지 자기소개를 해야 하는가. 나는 누군가를 만날 때마다 시를 쓰는 일을 하는 프리랜서라고 말하는데 그러면 상대방은 언제나 캐묻는다. 한두 명까지는 친절하게 대꾸하겠지만 그런 일이 반복되면 나중에는 니들이 알아서 그 직업에 대해서 파악을 해봤으면 좋겠다. 돈을 못 번다는 건 검색만 해도 다 나오는데 왜 자꾸 나한테 드라마 대본을 쓰라고 하는지 모르겠다. 사람들은 글을 쓴다고 하면 모든 글을 쓸 줄 안다고 생각하는 것 같다. 야, 우리도 세부 분야가 있다. 말해주고 싶었다. 하지만 말할 시간도 아까웠다. 그 사람은 그런 이야기를 들을 가치도 없었다. 최소한의 예의와 배려는 네가 없다.

나는 핑거 프린스를 좋아하지 않는다.
프린스를 좋아한다.
잘생겼으니까.

그리고 회사도 어르신들의 말씀을 절대로 들으면 안 된다. 비전이 없는 회사는 빨리 파악하고 도망 나와야 한다. 3개월이라도 다녀볼까 하면? 그다음 회사 이력서를 쓸 때 큰 타격이 오기 때문에 하루라도 빨리 도망쳐야 한다. 딱 하루면 각이 나온다. 도망가야 할지 가지 않아도 될지. 본인 판단에 여긴 아니다 싶으면 뒤도 돌아보지 말고 도망가라. 어르신들이 요즘 애들은 정신이 글러먹었다는 둥, 인내심이 부족하다는 둥 그런 말은 다 무시해야 한다. 우리는 시간이 없기 때문이다.

더군다나 인간 이소호의 삶을 위해서 작가 이소호의 삶을 얼마나 희생해야 할지를 또 분석해야 한다. 작가 이소호의 삶은 인간 이소호를 행복하게 하기 위해 태어난 존재다. 알기 쉽게 이제부터 인간 이소호를 이경진이라 부르겠다. 경진이는 레고 만들기를 좋아한다. 경진이는 메이크업하는 것을 좋아하며 경진이는 하고 싶은 것이 많은 사람이다. 여행을 특히나 좋아하며 말이 안 통하는 곳에서 한국 책을 읽거나 한국 사람과 한국이라면 절대로 하지 못할 말을 큰 소리로 떠드는 것을 굉장히 큰 기쁨으로 아는 사람이다. 그러니까 인간 경진이가 이런 삶을 누리려면 일을 해야 한다. 자, 그렇다면 이소호는 무슨 일을 해야 할까. 이소호는 최대한 빨리 글을 써서 고료를 차곡차곡 모아야 한다. 그러나 고료는 그렇게 쉽게 입금이 되는 아름다운 것이 아니다. 어떤 계절과 계절에는 노동만 있고, 결실은 그 계절들이 지나야 온다. 아아, 슬프고 아름다운 그 과실은 나중에 따 먹는 것이다. 그래도 지금은 좀 낫다. 과거에는 5만 원을 받기 위해 1년을 기다린 적도 있었다. 이래서야 경진이는 생활이 될 리가 없다. 차라리 다른 기술로 취업을 했다면 이런 걱정은 하지 않았겠지, 그런 생각을 한다. 취미를, 요가를, PT를 하려면 소호는 일하는 속도를 높여야 한다. 그래서 내가 이렇게 '열일'하는 작가가 되었는지도 모르겠다. 아무도 나에게 시키지 않는데 이렇게 쓰고 있는 것을 보면 틀림이 없다. 그냥 쓰고 싶어서 쓰는 것이다. 왜냐면 경진이의 행복은 소호에게 온전히 매달려 있기 때문이다. 그래서 소호는 늘 시간이 없다. 경진이를 놀게 해줘야 하기 때문이다.

유명한 드라마도, 영화도 볼 시간이 없다. 일을 해야 하기 때문이다. 그래도 어디 가서 아는 척하고 싶으면 빨리 본다. 내 키보드 중 가장 빨리 닳는 버튼이 생긴다면 그것은 분명 'ㄴ'이다. 얘는 그동안 너무 자주 이용됐다. 20분도 빨리 감기를 해서 그 사이사이를 알아서 이미지를 채운다. 영화의 포즈pause는 더 못 참겠다. 의도적으로 주는 침묵이 아름답다고 생각했던 유일한 영화는 〈인터스텔라〉뿐이었다. 빨리 감기를 하고 싶지 않았다. 그러나 대부분의 영상을 볼 때 나는 자꾸 빨리 감고 싶다. 결국 이제는 영화를 1.5배 재생으로 보게 되었다.

모든 장면이 다 감독의 의도가 있을 텐데 이렇게 보는 내가 나도 정말 싫다. 시간에 쫓기지 않고 마법사처럼 여유롭게 다 써버리고 싶다. 일도 많고, 무엇보다 그 일을 다 소화할 수 있는 소호가 나는 너무 필요하다.

아무튼 나는 시간이 없으므로, 시간이 너무 없기 때문에 뭐든 빨리빨리 해야만 직성이 풀리는 나는 이 글도 숨도 안 쉬고 썼다. 소호는 오늘도 해냈다. 경진이를 먹여 살리기 위해 최선을 다해 손가락 '열일'시켰다.

그 사이에 너무 바빠서 사랑도 못 했고, 나가지도 못했고, 전화 한 통도 받지 않았다.

시간이,
나에게 시간이 너무 없다.

**호스텔보단
호텔**

내 첫 배낭여행은 2007년 1월 1일이었다. 엄마에게 지나가는 말로 "엄마, 나 인도에 가보고 싶어"라고 했다. 그때 배낭여행은 인도가 대세였다. 특히 예술대 안에서는 인도 정도는 가봐야 자아를 찾을 수 있다고 여겨졌다. 하지만 인도에 가본 나는 알았다. 자아는 내면에 있고 인도에 가면 사기만 당해서 내가 얼마나 호구인지 알 수 있을 뿐이라는 사실을.

나는 인도에서 인내심과 수용하는 법, 포기하는 법을 배웠다. 어느 날은 식당에 들어가 갈릭 난을 시키고 나서 주인과 한참 수다를 떨었다. 시간이 꽤 지나고 배가 고파 물었다. "저기 미안한데 갈릭 난은 언제 나와?" 주인이 웃으며 말했다. "응, 이제 내가 만들러 갈 거야." 잠시 후 나는 진짜 갈릭을 방금 갈아서 난 위에 덕지덕지 붙인, 마늘 사랑이라면 세계 어느 나라에도 뒤지지 않는 대한민

국의 어느 갈릭 난보다 마늘을 듬뿍 넣은 최악의 갈릭 난을 먹었다. 스무 살의 나는 그곳에서 정말 많은 것을 배웠다. 자아는커녕 예술적 영감도 전혀 찾지 못했고 인내심만 열심히 키웠다. 참으면 복이 오지 않는다는 슬픈 사실도 알았다. 그때 나는 방학마다 여행을 다녔다. 그래서 환율에 따라 감정이 오르락내리락했다. 높거나 낮을 때마다 나는 가난과 부자의 사이를 넘나드는 기분이었다.

주식을 산다는 게 이런 기분일까?

비행기에서 내리는 순간부터 나는 상한가와 하한가의 삶을 산다. 매일 환율을 보고 잘하면 블랙마켓에서 노 커미션으로 저렴하게 돈을 바꿀 수 있다. 그럼 그날 저녁은 조금 더 맛있는 것을 먹을 수 있었다.
하지만 내가 하려는 말은 이게 아니다. 물가가 비싼 나라는 비싼 나라대로 사정이 있어서 나를 인종 차별했고 환율이 낮은 나라는 내가 부자일 거라는 대단한 착각을 하고 '후라이'를 사정없이 까댔다.● 나는 그렇게 영혼까지 탈탈 털리고 나서 나중에는 현지에 사는 한국인들에게 동정을 받았다.

| 눈탱이를 맞았네요.

● 사실이 아닌 것을 사실인 것처럼 꾸며대어 말하는 것을 의미한다.

그래서 나는 현지인을 만나면 물가를 적기 시작했다. 이건 원래 얼마인지, 어떻게 내야 가격이 더 저렴한지. 그러다 보니 돈을 병적으로 아끼기 시작했다. 그런데도 사고 싶은 것은 얼마나 많은지, 하고 싶은 것은 얼마나 많은지, 이 기회가 지나가면 영영 돌아오지 않는다는 것을 알았기에 가능한 한 비용을 최대한 줄이기 시작했다.

바로 잠자리였다.

잠은 그냥 눈만 감았다 뜨고, 뜨거운 물만 잘 나오면 된다고 생각했다. 게다가 호스텔은 허름하지만 대충 배를 채울 수 있는 조식을 준다. 가끔 장발장이 되어 모닝빵을 훔치면 점심까지 해결되기도 했다. 나는 그렇게 호스텔에서 모든 것을 해결했다. 호스텔 중에서도 가장 저렴한 남녀 혼숙 호스텔에 있었고 화장실도 공용으로 썼다. 나와 여행 메이트였던 동생은 처음에는 어색하게 외국인들과 알은 척을 했다. 그러나 우리는 한국인들이 많이 오지 않는 호스텔을 주로 다녔기 때문에 곧 어색함을 벗어던졌다. 유럽 애들은 아무도 신경 쓰지 않았다. 뭔가 부끄러움을 느끼는 것은 동양인이었던 우리 둘뿐이었다.
호스텔도 저급과 고급으로 급이 나뉘어 있었다. 꿀팁을 한 가지 알려주자면 1층을 먼저 확보하라는 것이다. 1층은 침대 바닥에 짐을 둘 수 있다. 게다가 2층은 천장과 몹시 가까운 경우가 있었는데 이게 1층 침대보다 더 답답했다. 가끔은 관에 갇혀 있는 기분이 들기도 했다. 그러니까 잘 선택해야 한다. 주어진 상황에서 최선을 위한 선택과 최대한의 사치. 그러니까 우리의 선택은 언제나 남녀 혼숙 열네 명 도미토리, 화장실 외부 그리고 잽싸게 2층 침대의 1층을 나란히 맡는 것 그것뿐이었다.

하지만 내 인생의 가치관이 바뀐 사건이 있었다. 그때로 돌아가 보자. 당시는 내가 퇴사를 할까 말까 고민하던 시절이었다. 직장을 다니던 부자부자 시절. 이십 대 후반의 나는 처음으로 내 돈으로 상하이의 최고급 호텔인 하얏트 온 더 번드Hyatt On The Bund를 비수기 초특가로 가보게 된다. 단 하루였지만 1초도 잊히지 않는다. 그다음 날부터는 다시 호스텔에 묵어야 할 신데렐라였기 때문이다.

하얏트 온 더 번드는 푸동과 와이탄이 동시에 보이는 곳에 자리해 있다. 상하이의 최고 전망대를 꼽으라면 주저 없이 거기를 꼽겠다. 게다가 당시 한국인 직원이 특별히 로얄층으로 업그레이드해 주어 정말 너무너무 좋은 전망을 보았다. 어느 정도였냐면 잠을 자고 싶지 않았다. 눈을 감고 싶지 않았다. 나머지 잠은 호스텔에서 잘 예정이었으므로. 집에서 세면도구를 넉넉히 챙겨갔으면서도 호텔

'어메니티'만 썼다. 그리고 남은 걸 소중하게 챙겼다. 룸에 비치된 캡슐로 커피를 내려 마시면서 책을 읽는 내내 단 한 발자국도 호텔 밖으로 나가고 싶지 않다고 생각했다. 내가 예약한 패키지는 저녁에 바에서 공짜 칵테일 한 잔을 마실 수 있고 조식도 포함이었다. 저녁에 마신 공짜 칵테일은 진을 강하게 타준 최고의 맛이었다. '여기가 상하이구나.' 잔뜩 취한 채로 그렇게 물끄러미 상하이의 전경을 내려다봤다.

다음 날도 감탄은 계속되었다. 특별할 것 없는 아메리칸 조식이었지만 커피와 에그 프라이 같은 것은 매니저를 통해 시켜야만 먹을 수 있었다. 모닝빵은 따뜻했다. 귀해서 훔칠 생각조차 들지 않았다. 그렇게 오전 11시까지 꾸역꾸역 부자부자 놀이를 하다가 택시를 탔다. 밖으로 나가 택시를 잡을 필요도 없이 로비에서, 택시 불러주세요 해서 택시를 타고 향한 곳은 중국 호스텔 중에 가장 유명하다는 곳 중 하나였다. 그곳은 관광지에 있어서 이동하기 매우 좋았다. 그러나 그것 말고는 모든 것이 단점이었다. 화장실은 밖에 있었고, 다행히 여성 도미토리였는데 2층 침대 세 개짜리 여섯 명이 묵을 수 있는 곳이었다. 이번에도 나는 운이 좋게 1층을 차지했으나 그게 내 운의 전부였다. 나머지 침대를 채운 여행자들은 다 같은 나라에서 온 모양이었다. 중국어 아니면 홍콩어 아니면 대만어 같았다. 알아들을 수 없는 말이었지만 느껴졌다. 이 여행의 즐거움이. 어린 시절의 나처럼 체력도 좋게 밤새 정말 한시도 쉬지 않고 들뜬 목소리로 떠들었다. "셧 업Shut-Up"이라고 말하고 싶었지만 참았다. 쪽수가 부족했다. 동생 하나만 더 있어도 이겼을 텐데 잠시 생각했다. 아무튼 행복한 그들 때문에 나는 그날 잠을 한숨도 못 잤다. 그들이 내일 부디 체크아웃하기만을 바랄 뿐이었다. 화장실에 가서 옷을 갈아입으면서 나는 그날 봐야 할 미술 작품들을 체크했다. 최대한 밖에 오래오래 있다가 와야지. 어차피 우리는 같이 잠만 자는 사이니까. 그렇게 생각했다. 왜냐하면 혼자 온 사람들끼리 모이면 서로 정이 붙어 인사라도 하고, 여행지를 함께 다니기도 한다. 그러나 그들은 나에게 인사조차 하지 않았다. 그러므로 나도 인사조차 하지 않았다. 그냥 마음속으로 제발 내일은 조용한 사람들이 와서 평범하게 잤으면 좋겠다고 생각했다. 그러나 그들은 다음 날도 체크아웃하지 않았고, 나는 상하이에서의 3박 4일을 하루는 천국을, 그 이후에는 지옥을 맛보는 생활을 했다.

호텔에서 호스텔.
호텔의 맛을 보고 나니 호스텔 생활이 너무나 힘들었다.

호스텔을 비하하려는 것이 아니다. 남들과 같이 있는 생활이 견디기 어려웠다는 것이다. 화장실에 가서 몰래 옷을 갈아입고 싶지 않았고, 뜨거운 물을 동시에 많이 쓰면 찬물이 갑작스럽게 나오는 곳에서 샤워하고 싶지 않았다는 말이다. 따뜻한 모닝빵과 바리스타가 타주는 커피를 먹고 싶은 것뿐이었다. 침대만 덩그러니 있는 것이 아니라 앉아서 즐길 수 있는 의자라도 하나 더 있고 책상도 있는 그런 방을 하루라도 가지고 싶었다. 나만의 시간을 가지고 싶은 것뿐이었다.

호스텔만 다녔을 때는 몰랐다. 방이 주는 편안함이 어떤 것인지. 그리고 그 불편함을 감수할 수 있을 정도의 체력도 있었다. 그때는 그랬다. 밤 기차나 밤 버스를 타고 24시간을 달려도 괜찮았다. 왜냐하면 젊었으니까. 이동과 숙면을 동시에 할 수 있는 합리적인 소비라고 생각했다. 하지만 이제 돌아갈 수 없었다. 나는 이미 맛을 봐버렸다. 앞으로는 24시간 목숨을 걸고 가야 하는 데스 로드 대신 1시간 30분이면 아마존에서 라파스로 돌아오는 비행기를 타겠다고 다짐했다. 돈이 더 많이 들더라도 그게 낫다. 왜냐면 나는 이제 그걸 버틸 체력이 없었다. 잠도 따로 자고 싶고 꿈도 따로 꾸고 싶었다. 조용히 사색을 즐기고 싶었다.

그러니까 내게 그 일은 여행이 모험이 아닌 휴식으로 바뀌게 된 기점이었다.
그걸 증명하는 게 호텔과 호스텔의 차이라고 생각한다.

동생과 함께 갔던 리우데자네이루의 빈민가 호스텔을 떠올려본다. 우리는 일부러 렌즈나 안경을 빼고 같이 샤워를 했다. 이유는 간단했다. 또렷이 보면 벌레나 구멍, 곰팡이 투성이었기 때문이다. 일부러 뿌옇게 세상을 보며 이 가격에 잘만 했다고 깔깔대며 즐거워했다. 잠자리는 너무 허름했지만 둘이서 모기를 쫓으며 허름한 전등을 바라보는 일 역시, 모르는 사람과 쉽게 친구가 되는 일 역시 호스텔이 아니면 불가능하다. 그렇기에 나의 이십 대는 호스텔이라 말하고 싶다.

지금은 호텔이다.
돈이 많아서도, 체력 때문도 아니다.

삼십 대가 될수록 외로워지는 법이다.

도미토리에서 점점 혼자만의 방으로 가는 것처럼.

지금은 호텔이다.
돈이 많아서도,
체력 때문도 아니다.

삼십 대가 될수록
외로워지는 법이다.

도미토리에서 점점
혼자만의 방으로 가는 것처럼.

아무거나

엄마와 백화점에 간 적이 있다. 엄마에게 물었다.

> 엄마, 뭐 먹고 싶어?
> 뭐 좋아해?
> 뭐 하고 싶어?

질문도 답도 하나였다.

> 아무거나.

> 엄마, 엄마는 왜 다 아무거나라고 해?
> 그래도 조금이라도 좋아하는 게 있을 거 아냐.

> 아니, 엄마는 이제 그런 게 없어.
> 너도 나이 들면 알게 돼.
> 그냥 모든 게 거기서 거기라는 것을
> 알게 될 거야.

그리고 이제 나에게 그런 날이 왔다. 나 역시 지금은 아무거나 인생이다. 친구와 함께 걸어가다가 친구가 뭐 먹고 싶냐고 물어보면 아무거나 먹겠다고 한다. 큰 틀에서 고를 뿐이다. 아까 면을 먹었으니까 이젠 밥을 먹어보자, 뭐 그 정도? 옷은 더 웃기다. 피팅룸에 가는 수고를 이젠 굳이 하지 않는다. 어차피 나는 몸이 뚱뚱하거나 날씬했을 때도 루즈 핏을 즐겨 입었다(대부분 아주 잘 어울렸다). 제일 큰 사이즈 혹은 프리 사이즈를 사면 어지간히 맞는다. 색깔만 대충 얼굴에 대보고 잘 어울리는 것 같으면 산다. 그게 다다. 마지막으로 화장품은 그래도 덜 아무거나를 쓰는 편이다. 얼굴을 좀 더 예뻐 보이게 할 목적이므로, 돈이 아깝지 않도록 섬세하게 컬러와 기능을 따지지만 그렇다고 특정 브랜드를 고집하지는 않는다.

그러니까 고민하는 시간이 아깝다기보다 취향이 사라진 기분이다.

예전의 나를 생각해 보자. 나는 아주 예민한 이십 대 여성이었다. 좋아하는 것도, 취미도 아주 분명했다. 술을 마실 때도 취향이 확실했다. 소주보다는 양조장에서 만든 IPA 맥주를, 맥주보다는 진gin을 좋아했고 진 중에서도 특유의 솔향이 강한 봄베이 사파이어는 싫어했고 오이

향이 강한 헨드릭스 진만 먹었다. 거기에 슬라이스한 오이와 식용 장미를 넣어 마시면 천국이 따로 없었다. 이렇게 나는 술 하나에도 예민을 떨었는데 다른 것은 어땠겠는가. 향기에 특히 예민한 편이라 향에 따라 사람을 판단하기도 했다. 향이 어지러운 사람은 친해지고 싶지 않았다. 향 중에서는 우디 향을 특히 싫어해서 향수를 고를 때에도 우디는 거들떠보지도 않았다.

애인 보는 눈은 또 얼마나 까다로웠는지 모른다. 물론 가볍게 사귀는 사이가 아니라 이상형이 까다롭다는 말이다. 나는 상대가 여유가 있어서 맛있는 것도, 좋은 것도 많이 줬으면 좋겠고, 좋아하는 것도 다 해줬으면 싶었다. 유머러스했으면, 몸도 좋았으면, 외동은 아니었으면, 얼굴은 잘생겼는데 얼굴값은 안 했으면 했다. 특히나 다시없을 사랑꾼이라 나만 보길 바랐다. 그리고 그 마음이 변치 않고 오래갔으면 좋겠다고 생각했다.

그런데 그런 사람은 이제 없다.
유니콘이다.
아니면 이미 남의 남자다.

아무튼 나는 이렇게나 섬세한 취향을 가진 사람이었다. 아무리 비싼 선물이라 해도 조금이라도 나에게 어울리지 않으면 단 한 차례도 입거나 착용하지 않았으며, 특히 센스가 없는 남자친구를 사귈 때는 받고 싶은 물건을 알려주기까지 했다. 그 정도였다. 나는 마음에 들지 않으면 조금도 마음이 움직이지 않는 사람이었으므로 상대가 잘 사줬다고 생각이 들 정도의 일을 하려면 나도 선물을 잘 하고 다닌다는 것을 보여주어야 하는 것이다.

이런 내가 변했다고 느낀 것은 삼십 그리고 초중반 무렵이었다. 만사 다 귀찮아졌다고 생각하는 게 맞겠다. 만나보니 그놈이 그놈이고, 먹는 것도 토할 것 같은 맛만 아니면 다 똑같다는 생각이 들었다. 색다른 플레이팅은 바라지도 않는다. 기분을 위한 것일 뿐이니까. 무엇보다 가장 충격적인 것은 이제 내가 대세를 따라 '진로이즈백'을 마시고 우디 향이 나는 향수가 나쁘지 않다고 느끼는 것이었다. 예전에는 길을 가다가도 어디선가 우디 향이 나면 코를 찡그리고 싫은 티를 팍팍 냈다. 그러나 이젠 그렇지 않다. 다 이유가 있고 누군가는 무언가를 좋아하고 누군가는 무언가를 좋아하지 않는다고 느낄 뿐이다.

내가 좋아하지 않는 것도 존중하게 된 것인지, 아니면 내가 모든 것을 수용할 수 있을 만큼 어른이 된 것인지, 그것도 아니라면 취향이 사라진 것인지, 그건 잘 모르겠다.

그렇다면 난 뭘까.

나는 무엇일까.

지금의 나에 대해서 생각해 보자.

영화 〈사운드 오브 뮤직〉에 나왔던 OST 〈My favorite thing〉처럼.

유칼립투스 선향 인센스 스틱 구찌 립스틱 핑크색 컬러 렌즈 로라메르시에 진저 만두 진라면 매운 맛 레고 어두운 색의 이불 특이한 디자인의 천 가방 그리고 은으로 된 모든 액세서리들.

이렇게 나열하고 나니 취향이 생긴 기분이다. 더 이야기해 보자. 나는 웃긴 사람을 좋아한다. 하루 종일 웃을 수 있는 사람을 좋아한다. 아무거나 잘 먹는 사람도 좋다. 남자라면 덩치가 있었으면 좋겠고. 이왕이면 불안한 나를 받아들여 주었으면 좋겠다. 착했으면 좋겠다. 글을 쓰느라 어쩔 수 없이 가난해진 나를 이해해 주기만 해도 좋겠다. 그래서 나는 이 바닥에서 함께 뒹구는 친구들을 가장 좋아한다. 우리는 예술을, 상업을, 뭔가를 하고 있다. 말이 통한다는 것은 그것 없이는 불가능하다. 상대가 기억력도 좋았으면 좋겠다. 기억력이 좋다는 것은 센스가 좋다는 말이다. 한때는 옷을 잘 입는 남자가 센스가 있다고 생각했지만 그렇지도 않다는 사실을 연애를 통해 뼈저리게 느꼈다. 그러므로 지금 위에 있는 수많은 이야기들은 언제든지 변할 수 있는 것이라고 쓴다.

갑자기 없던 취향이 견고하게 생긴 것 같다. 이제 보니 쓸데없이 예민했던 지점들은 무뎌해지고 꼭 가지고 싶은 것은 가지고 가는 기분이 든다. 그래, 버릴 것은 버리자. 버릴 것은 버리고, 갑자기 좋아하게 된 것은 좋아하고 갑자기 싫어하게 된 것들도 받아들이자. 어느 날 예고도 없이 갑각류 알러지가 생겨서 좋아하던 새우를 포기한 것처럼. 그리고 또 다른 어느 날 예고도 없이 까르보나라 파스타를 먹으면서 맛있다고 느꼈을 때처럼. 받아들이자, 전부.

그것이 바로 내가 생각하는 '아무거나'다.

내가 좋아하지 않는 것도
존중하게 된 것인지,
아니면 내가 모든 것을
수용할 수 있을 만큼
어른이 된 것인지,
그것도 아니라면 취향이
사라진 것인지,
그건 잘 모르겠다.

그렇다면 난 뭘까.

빈 냉장고와 꽉 찬 옷장의
빈티지 할머니

나는 특별한 상황일 때를 제외하고 기본적으로 식욕이 없다. 식욕이 없다고 말한 것치고는 삐쩍 마르지 않아서 나를 아는 누군가가 들으면 좀 놀랄 수도 있지만 아침은 커피 정도면 충분하고 점심은 조금, 저녁은 아예 먹지 않는다. 대부분 음료로 저녁을 대신한다. 입안으로 무언가 들어간다는 감각만 충족된다면 그만일 뿐 뭔가가 정말 먹고 싶었던 적도 없었다. 그래서 이번에 살을 뺄 때 전혀 힘들지 않았다. 마른 두부를 먹어도 괜찮았고, 촉촉하지 않은 닭 가슴살을 먹을 때도 괜찮았다. 허기를 달래는 요량으로 끼니를 때우기만 하면 됐으니까. 내가 식욕에 대해 이렇게 장황하게 설명하는 것은 어린 시절에 겪은 남모르는 슬픔이 있기 때문이다.

한창 예민하던 사춘기 시절이었다. 나는 교사였던 아버지 때문에 무주로 강제 이주를 당했고, 그곳은 백화점은 구경조차 하기 힘든 곳이었다. 그때도 엄마는 가족에게 유기농에 좋은 것만 먹이느라 최선을 다하셨다. 생각해 보니 엄마는 항상 음식을, 건강을 우선이라 여겼다. 엄마는 마치 중국 대부호처럼 허름한 옷차림에 입은 최고급이라, 육회를 불판에 구워 먹는다. 우리 가족은 엄마를 이 세상에서 가장 까다로운 입맛을 가진 사람이라 생각한다. 그러나 나와 아빠는 다르다. 나와 아빠는 엄마가 인정하는 '막입'이다. 아무거나 주는 대로 먹고 뭐가 더 맛있냐는 질문에 거기서 거기라는 답변밖에는 하지 못한다. 요리하는 엄마 입장에서 보면 우리는 정말로 최악의 실수를 저지르고 있는 셈이다. 음식에 관한 엄마의 예민함은 식재료를 살 때 유감없이 발휘되는데, 사소한 재료 하나를 살 때마다 브랜드나 품질을 따지는 것이었다. 사춘기 시절 나는 그런 엄마가 너무 싫었다. 이유는 하나였다. 엥겔지수가 높았던 우리 집은 결국 음식에 생활비 대부분을 쓰느라 내 옷 한 벌을 제대로 사주지 않았다. 나는 그때 한창 연예인을 좋아하고 꾸미기를 좋아하고 패션에 관심이 많았다. 하지만 엄마는 모든 돈을 아껴 음식에 쏟아부었다. 그때 엄마가 내게 해준 얘기가 아직도 잊히지 않는다.

> 소호야, 음식은 말이다. 앞이 아니라 뒤를 봐야 해.
> 만들어진 브랜드와 제조사가 다르잖아.

| 그런 건 사면 안 돼.

이 정도로 예민한 음식 감별사가 어디 있을까?
엄마는 나에게 매번 음식 사는 법을 그렇게 알려주었다.
브랜드로 음식을 사는 법을.

요즘 엄마는 '한살림'이라는 유기농 식재료 협동조합에 빠져 있다. 조합원으로서 도토리묵 하나를 살 때도 한살림으로 달려가서 산다. 나는 이해할 수 없다. 묵은 묵이고 두부는 두부고 콩나물은 콩나물이다. 나는 우리가 뭔가 조금 더 건강한 것을 먹는다는 것을 이해할 수 없다. 세상에 식량 폭동이 일어나지 않은 이상 거기서 거기라고 생각한다.

아무튼 이건 내 생각이다. 이젠 엄마의 불만이다.

나는 옷을 좋아한다. 보통 좋아하는 정도가 아니라 좋아해도 너무 좋아한다. 힙하거나 패션을 좀 안다고 보기는 어렵다. 그냥 옷을 좋아한다. 넉넉하고 무난한 옷들. 어디 가서 무난하다는 얘기를 들을 만한 옷들을 색깔별로 산다. 게다가 같은 옷을 두 개씩 산다. 나는 뭐든 쌍으로 사지 않으면 견딜 수가 없는 슬픈 병에 걸렸기에 뜯지도 않은 옷들을 가지런히 쌓아두고 있다. 그리고 같은 디자인을 스몰, 미듐, 라지로 사이즈별로 사기도 한다. 사이즈마다 핏이 주는 감각이 또 다르다. 그러니까 나는 같은 옷을 어마어마하게 많이 산다. 맞춰 입을 옷을 생각하면 당연하다. 딱 맞게 혹은 루즈하게, 살짝 틈을 주는 것이 좋다고 생각한다. 그뿐만이 아니다. 디자인은 같지만 재질에 따라서 다른 옷도 있다. 다른 계절에도 그 옷을 입으려면 어쩔 수 없는 선택이었다고 변명한다. 아무튼 그런 것까지 고려해 가진 돈을 다 털어 옷을 사는 것은 내게 당연한 일이다. 패션은 응당 그래야 한다고 생각한다. 그래서 나는 버는 족족 액세서리와 화장품과 옷에 돈을 탕진했다. 엄마는 내가 주문한 물건이 담긴 택배 상자를 볼 때마다 울화가 치민다고 했다. 엄마의 잔소리에도 엄마의 딸은 쇼핑 중독으로 치료를 받을 정도로 문제가 심각하다. 이게 다 엄마가 청소년기에 옷을 사주지 않고 음식만 먹인 반발로 생긴 나의 욕구다. 어릴 때 레고를 사지 못한 아이가 어른이 되어 레고를 사 모으는 것과 마찬가지다. 그러나 엄마는 이해하지 못한다. 옷은 다 거기서 거기인데 왜 이 브랜드를 또 샀냐고 화를 낸다. 내가 명품을 산 것도 아닌데 조금 억울했다. 엄마가 하루에 단 두 개 들어오는 청포묵을 사기 위해 새벽같이 한살림으로 달리는 것과, 내가 그 매장에 마지막으로 한 장 남은 옷을 사는 것이 도대체 뭐가 다르단 말인가. 나는 그저 옷을 사고 있을 뿐이다. 아주 예쁘고 유니크해서 다들 어디서 샀냐고 물어볼 법한 옷. 물론 가격이 좀 나가는 옷은 현금을 주고 사진 않았다. 빚을 지기도 했다. 착실히 갚는 카드 값도 빚이라고 한다면 빚이니까.

그리고 마침내 할부의 힘도 먹히지 않는 시점이 내게 왔다. 이 시기를 나에게 터닝 포인트라고 말해주고 싶다.
인터넷에서 "덮어두고 욜로로 살면 골로 간다"라는 문장을 봤다. "냉장고는 텅텅 비고 옷장만 꽉 찬 할머니가 되고 싶습니까?"라고 묻는 글도 보았다.

나는 나의 미래를 상상해 본다. 침침한 눈으로 글을 쓰는 이소호 할머니. 자리에서 일어나 옷장을 열어본다. 옷장에는 10년, 20년이 된 좀먹은 옷들이 산더미다. 패션이 돌아온다 믿고 언젠가 돌아올 것이라며 옷장에 차곡차곡 쌓아둔 옷은 갱년기를 지난 내 몸에 맞지 않아 재킷 단추와 구멍이 다물어지지 않을 것이다. 버리지도 못하고, 맞지도 않는 옷들이 꽉꽉 들어찬 옷장 문을 닫고 냉장고로 가서 문을 열어본다. 그때도 지금처럼 식욕이 없다면 냉장고 안은 텅 비어 있을 것이다. 물론 물이나 와인 같은 것만 널브러져 있겠지. 또 뭐가 있을까. 심지어 지금 먹고 싶은 음식이 생각이 나지 않을 정도로 나는 아무 관심이 없다. 그러나 여러분, 벗고는 살아도 먹지 않고는 살 수 없다는 것을 모두 알고 있지 않습니까. 그래서 나는 요즘 먹는 일에 관심이 많아졌다. 옷을 줄이자. 옷은 줄이고 엄마 말대로 정말로 씹는 맛이라도 있는 단백질 파우더라도 억지로 챙겨 먹자고 생각하고 있다.

엄마 말을 듣지 않으면 30년 후쯤에는 밀라논나처럼은 아니더라도 최소한 빈티지 할머니는 되어 있을 것이다. 상상하기에는 조금 멋지지만 확실하게 말해야겠다. 그렇게 되면 안 된다. 나는 밀라논나가 아니고 무난한 것을 좋아하는 평범한 사람이기 때문이다. 말이 좋아 빈티지지, 단지 낡은 옷을 입는 것을 좋아하는 여성. 모아 놓은 재산도 없는 여성. 생각을 더듬어 보니 배는 정말로 너무 고플 것 같다.

버려지는 옷이 환경을 해친다는 이야기를 들은 적이 있다.
나는 여기서 선언한다. 옷을 줄이겠다.
새로운 옷을 사고 싶을 때는 수차례 고민하고 사겠다.
나는 배고프고 싶지 않다. 차라리 벗고 말지.
오늘부터 절약 시작이다.

제모에서 발모로

며칠 전부터 나는 임상 시험에 돌입했다. 시험이라니 이상한 말처럼 들릴 수도 있겠다. 발모제 하나를 샀다. 시험 삼아. 공간을 채워야 했다. 그동안은 채운 곳을 비워야 했다면 이번에는 달랐다. 하루가 다르게 후드득 떨어지는 가을 낙엽 같은 나의 머리카락과 나의 눈썹을 채워야 했다. 겨드랑이와 은밀한 부위의 모난 털을 그간 지워왔다면 이제는 다르다. 채워야 한다. 그것도 아주 꼼꼼하게.

처음은 인스타그램 피드에서 시작되었다. 고민을 입 밖에 내지도 않았는데 찰떡같이 알아챈 알고리즘이 나에게 바르기만 해도 짱구 눈썹이 된다는, 잔머리 발모에 탁월한 앰플을 소개했다. 의심이 많은 나는 다섯 개를 사면 훨씬 싼데도 일단 하나만 샀다. 그리고 가장 치명적으로 빈 곳이 많은 눈썹에 아침저녁으로 꾸준히 바르기 시작했다.

하루에 세 번 바른 적도 있었다. 사실 그 전까지 속눈썹 앰플을 발라봤지만 별 소용이 없었다. 그랬기에 이번에도 속는 셈 치고 샀다. 그래, 누군가 그랬다. 탈모 치료제가 생긴다면 노벨 평화상까지 줄 것이라고. 그렇게 된다면 세상은 평화로워질 것이다. 재벌들도 대머리를 면치 못하는데 나라고 면할까. 나는 눈썹에 2주를 꾸준히 발랐다. 그리고 효과를 봤다. 기뻤다.

여기서 짚고 넘어가고 싶다. 효능을 얻으려면 필요한 것이 여러 가지가 있다. 소 잃고 외양간 고치기는 어렵다. 그러니까 모근이 연약하게라도 남아 있을 때 미친 듯이 바르라고 그 앰플 사용설명서에 씌 있다. 이 앰플은 다섯 개에 10만 원이 훌쩍 넘으며 용량은 고작 9밀리리터이다. 아무럼 어떤가. 그동안 빈약한 눈썹으로, 아무리 짱구가 되길 바라도 불가능했는데 이걸로 짱구까지는 아니더라도 눈썹이 조금 생겼다. 그걸 제일 먼저 알아차린 것은 당연하게도 엄마였다.

| 너 눈썹이 진해진 것 같다. 문신 또 했니?
　　| 아니? 왜? 나 눈썹 진해진 것 같아?

나는 신나서 거울을 들여다보았다. 귀한 앰플에 마스카

라 솔을 넣어 눈썹에 발랐다. 멘톨까지 섞여 화한 느낌이 들어 뭔가 치료가 되는 기분이었다. 이제 다섯 개짜리를 사도 되겠다고 생각했다. 앞서 말하자면 이것은 광고가 아니다. 나는 가늘고 힘없는 머리를 타고났으며 스트레스로 원형탈모를 얻어 두피에 주사도 맞아본 적이 있는 사람이다. 그냥 효과가 미약하게 있었다고 말해주고 싶다. 누군가 이걸 읽는다면 당신에게도 희망이 있다고 적고 싶다. 상품명을 쓰면 광고가 되기에 쓰지 않겠다. 그냥 9밀리터짜리 앰플이다.

요즘 친구들끼리 모이면 이 이야기를 한다. 가르마가, 점점 갈라지고 있어. 미용사는 가르마를 자주 바꾸라고 했지만 그건 어려운 일이다. 가마에 따라 알아서 갈라지는 가르마를 어쩌란 말인가. 가르마의 멀어짐을 땅과 땅 사이의 깊은 골짜기가 파지는 것을 바라만 볼 수밖에. 그래서였을까. 나는 누군가 나를 내려다보는 것을 끔찍하게도 싫어했다. '너 따위가 뭔데 나를 내려다봐?' 이런 게 아니라, 뭔가 부끄러웠다. 핀 라이트를 받는 날이면 난리도 아니었다. 아무리 집에서 풍성해 보이면 뭐하나. 분명히 머리를 꼼꼼하게 체크하고 나갔어도 애초에 뿌리가 굵지 못한 이 머리카락은 빛을 받는 순간 모든 걸 다 날려버린다는 것을 몰랐다. 그래, 이제야 알게 되었다, 나는.

왜 아이돌이 화장을 두껍게 할까.
조명이 모든 것을 앗아가기 때문이다.

그리고 작가인 나는 여러 번의 핀 조명 밑에서 그것을 너무나 잘 알게 되었다. 그래서 그 이후부터 머리에 온 힘을 쏟기 시작했다. 출산 이후에나 탈모가 있을 거라고 생각했던 것은 우리 모두의 착각이었다. 얼마 전에 두피 시술소에서 영양을 잔뜩 케어받고 온 친구도 있었고, 탈모에 좋다는 온갖 샴푸를 써본 친구도 입을 모아 말했다. 소용이 없었다고. 그냥 약국에서 처방받는 미녹시딜을 바르는 게 제일 나았다고. 하지만 그 약을 끊으면 머리카락도 사라지고 만다고. 그래서 영원한 관리가 필요하다고. 그래서 나는 영원한 관리를 하기 시작했다. 까진 머리로 뭘 할 수는 없다. 피부가 좋아지니까 광이 나고 광이 나니까 이마가 도드라지고 나는 그제야 거울을 보고 내가 잔머리가 없다는 사실을 알게 되었다. 잔머리는 스타일링의 중요한 요소다. 아이유의 잔머리는 우리 모두의 꿈과 희망이다. 게다가 요즘 유명하다는 뷰튜버들은 하나같이 다 머리가 러블리하다. 잔머리도 많아서 잔머리로 얼굴을 조금 더 작게 만든다. 반짝반짝 빛이 난다. 그래, 나도 잔머리를 가지고 싶다. 아니 솔직히 말하자면 머리카락을 더 많이 가지고 싶다. 머리를 감고 머리카락을 너무 오래 말

려야 해서 고통스러운 아침을 맞이해 보고 싶다.

하지만 내 팔자에 그런 건 없다.

이십 대 때 이야기를 해보고 싶다. 그때는 그렇게 심각하지 않았다. 물론 머리카락 상태야 같았다. 그때도 힘이 없었고 푸석푸석했다. 애초에 그렇게 태어났으니 부모님을 탓하는 정도였다. 머리카락이 많이 빠지는 날은 스트레스가 아주 심한 잠깐뿐이었다. 그래서 그때 나의 가장 큰 걱정이라곤 여름에 얼마나 멋지게 제모할 것인가, 그 정도였다. 여름이 오면 순하고 건강한 제모제와 왁싱에 돈을 썼다. 피곤했다. 이 모든 털이 알아서 다 머리로 갔으면 좋겠다고 생각했던 적도 있었다. 하지만 그런 일은 일어나지 않았으므로 나는 우선 필요 없는 부분의 털들을 다 깎아냈다. 그때 나의 돈은 그래서 제모에 특화되어 있었다. 발모는 이후의 일이었다. 어차피 그것은 하나도 중요하지 않았다. 겨드랑이를 들고 반갑게 인사할 나만을 떠올렸고 매끈한 다리와 청결한 나의 소중한 곳만 생각했다. 그게 다였다.

그러나 몇 년 사이 어떻게 되었나.
나는 이제 빈 곳을 잘 심을 생각을 한다. 흰머리라도 좋다. 그냥 자라나기만 해도 감사하다.

모근이 살아 있어 살릴 수만 있다면 뭐라도 바를 수 있다. 이 작은 앰플이 나에게 희망을 주었다. 그래서 다시 다섯 개를 주문했다. 더 좋으면 주변에 은밀히 알릴 것이다. 아주 오래전 남자 지인 중 한 명이 정력을 포기하고 차라리 머리를 고수하겠다고 한 말이 잊히질 않는다. 미녹시딜 혹은 먹는 약의 가장 두려운 부작용은 혹시 모를 발기부전이라고 한다. 그러나 그럴 확률은 희박하다. 내가 여자라 다행이다. 나는 포기할 정력이 없다. 그냥 머리를 잘 유지하기만 하면 된다. 이 머리를 유지하기 위해 나는 써보지 않은 샴푸가 없다. 일단 자신의 두피에 맞는 것을 찾기 위해서 다 써보는 수밖에 없다. 그게 힘들다면 꼭 미용실에서 두피 스케일링을 틈틈이 받는 것을 추천한다. 머리카락은 지킬 수 있다. 모근을 아직 잃기 전이라면 희망은 있다.

잘 쉬는
법

사람들은 나에게 자주 묻는다. 이렇게 끊임없이 글을 쓰는 능력은 어디서 생겨나며, 이렇게 끊임없이 책이 나오는 비결이 뭐냐고. 그 질문에 나는 분명하게 답할 수 있다. 아침잠이 적고, 친구가 많지 않지만 할 말이 많고, 취미가 없으면 글을 쓸 수밖에 없다고. 등단하기 전 나는 속풀이를 늘 종이나 블로그에 했다. 내 블로그에 들어가면 자기 연민에 빠진 불쌍한 여자가 있다. 나는 천재인데 세상이 나를 몰라주고 그래서 너무 슬프다는 글, 나는 다 줬으나 사랑에 쉽게 버림받았다는 이야기들이 빼곡하다. 그러나 나는 알고 있다. 그때의 나는 글을 더럽게 못 썼으며, 연애에 있어서는 다 주지도 않았고 일단 애초에 날 별로 좋아하지 않은 남자를 만난 게 가장 큰 패착이었다는 사실을. 그 당시 불행하고 자존감이 낮은 나는 블로그 안에 비공개로 잘 박제되어 있다.

글쓰기로 스트레스를 풀 때 가장 중요한 것은 청축 키보드다. 나는 키보드 사는 것이 정말 좋다. 키보드를 여섯 개 정도나 가지고 있다. 요즘 가장 많이 쓰는 것은 빨간색과 검정, 화이트로 키캡을 갈아 끼운 멋쟁이 커스텀 키보드다. 맥 버전에도 맞고 윈도우 버전도 설정할 수 있지만 일단 제일 좋은 점은 경쾌한 소리다. 이 소리는 혼자 쓰는 작업실이 있거나 집에서 일하는 사람만 누릴 수 있다. 카페에서 일하거나 공용 사무실을 쓰는 사람은 가질 수 없는 소리다. 대부분 기계식 키보드는 유선이고, 이 유선은 재빠른 속도로 내 작업을 이어 나가게 해준다. 그러니까 나는 여기에 온갖 글을 쓰는 것이 사실은 유일한 스트레스 해소법이라 말하고 싶다.

그렇다. 불행하게도 나는 쉬는 법을 몰라 일을 하는 것이다.

직장인이라면 대부분 공감하겠지만 취미가 무엇이냐고 물으면 지금 빠져 있는 무언가를 얘기할 것이다. 나를 분석해 놓은 결혼 정보 회사 빅데이터에 의하면 대부분 넷플릭스 보기와 운동 그리고 독서라 하던데, 여기서 독서는 알고 보면 그냥 쓸 게 없어서 쓰는 경우가 대부분이다. 독서라는 부분에 호감이 생겨 한번 이야기해 보면 읽은 책들은 대부분 형편없다. 사실 읽는 일도, 넷플릭스 보는 것도, 운동도 노동에 가깝다고 생각한다. 그러므로 진정한 취미는 존재하지 않는다.

한때 나는 레고 만들기를 취미로 가져본 적이 있었다. 레고는 무척 비쌌으나 모든 잡념으로부터 나를 구원해 주었고 완성했을 때의 뿌듯함도 남달랐다. 그러나 이것도 전세살이한테는 쉽지 않은 취미였다. 2년에 한 번씩 이사해야 하는 입장에서는 완성된 레고가 처치 곤란한 물건일 뿐이었다. 이사하면서 맞췄다 뺐다 해서 레고가 헐거워지기도 하고 블록은 너무 아기자기해서 하나라도 잃어버리면 스웨덴 직구 사이트에 가서 일일이 주문해야 했다. 나는 한때 레고 와인 컵 하나가 불량으로 오지 않아서 2주를 기다린 적이 있다. 그때는 코로나 이전이었으니 지금은 훨씬 오래 걸리리라. 아무튼 이틀 밤낮을 가리지 않고 레고를 맞추는 일은 더없이 기쁘고 즐거웠으나 그것은 진정한 휴식이 아니었다. 월요일 아침만 되면 나는 퀭한 눈으로 회사에 출근하여 업무를 봐야 했다. 종일 레고만 맞추고 싶었다. 레고는 그래도 '완성'이라는 결과로 나에게 성취감을 주었지만 회사는 패배감만 안겨줄 뿐이었다.

그 이후로 내가 찾은 취미는 레고보다 조금 더 저렴한 '피포 페인팅'이라는 것이었다. 밑그림이 되어 있는 캔버스와 아크릴 물감과 붓이 구성품으로 들어 있고 캔버스에 쓰인 번호에 따라 아크릴 물감을 칠하기만 하면 되는데, 내가 산 것은 앤디 워홀의 마릴린 먼로였다. 아직도 기억한다. 쿠팡에서 샀고, 레고보다 훨씬 저렴했다. 그러나 모태 '똥손'인 나는 엉망진창 와장창으로 마릴린 먼로를 색칠해 놓아서 멀리서만 봐야 아름다운 작품 하나를 만들었다. 그 작품은 내가 이사할 때마다 몇 번이나 버리려고 최선을 다했으나 그냥 두지 왜 버리냐는 엄마 때문에 지금도 우리 집 냉장고 방을 차지하고 있다. 이걸 볼 때마다 내가 얼마나 그림에 재능이 없는지 알게 되는 기분이라 수치스럽다.

다음으로 가져본 취미는 좀 색다르다. 아이돌 덕질이었는데 조금 늦은 감이 있긴 하다. 남들이 다 '탈덕 러시'가 잇따르던 코로나 시절에 탑승했으니 말이다. 코로나 시절 팬도, 아이돌도 다 같이 고난의 행군을 겪고 있을 때 나는 그제야 유튜브 알고리즘으로 BTS에 빠졌다. 그때 〈ON〉이 처음 나왔고 〈Black Swan〉도 멋졌다. 대한민국에서 저런 메가 퍼포먼스가 가능하다니. 내가 마지막으로 좋아했던 메가 퍼포먼스는 〈프로듀스 101 시즌 2〉였다. 그때 빠진 〈프로듀스 101 시즌 2〉의 뉴이스트로 갈아탄 후로 뉴이스트는 지금까지도 덕질은 공식 팬클럽만

들고 아무것도 하지 않고 있다가 갑자기 종일 BTS를 시작으로 〈우리집〉 준호도 좋아하게 됐다. 아무튼 한마디로 정리하자면 남들이 보라는 영상은 다 봤던 것 같다. 그래서 하루가 모자랐다. 〈고잉 세븐틴〉(세븐틴의 웹예능)도 봐야 했고, 월, 화, 수, 목, 금, 토, 일 봐야 할 영상이 너무 많았다. 웃긴 것은 나이가 나이인지라 좋아하면서도 누가 누구인지 몰랐다. 멤버 수도 모르고 좋아했다. 세븐틴을 17이라 생각하면 나이 든 거라던데 내가 그랬다. 그렇지만 세어 보니 열세 명이었고 그들은 세 개의 유닛과 하나의 팀까지 포함해서 세븐틴이라는 이름이 되었다는 것을 알았을 때는 이미 난 완전히 지친 상태였다. 그래서 이름 외우기는 포기하고 그냥 좋아서 봤다. 패기 넘치는 청년들이 성장하는 모습을 역순으로 보는 일이 즐거웠다.

그러나 모든 사랑에 대가가 따른다.
나는 체력을 잃었다.
아이돌은 돌도 씹어 먹을 정도의 패기 왕성한 나이가 아니던가? 그들은 쉴 새 없이 컴백했고 콘텐츠를 만들고 브이앱을 켰다. 나는 도무지 그들의 스케줄을 따라갈 수가 없어서, 체력이 달려서 '휴덕'의 수순을 밟았다.
그러니까 어떤 취미든 즐거움도 체력이 있어야 가능하다는 것을 알게 된 지금 내게 남은 유일한 취미는 결국 글

쓰기뿐이다. 그래. 나의 모든 힘은 다 모든 취미를 포기하고 나서야 알게 되었다. 쉴 줄 모르는 작가 이소호를 알게 된 다음의 일들이다.

나는 쉬는 법을 아직도 잘 모른다. 명상도 있고 요가도 있고 뭐 다양하게 있다는데 잘 모르겠다. 나의 진정한 휴식은 뱅쇼 한 잔에 친구랑 하이퍼리얼리즘 연애 서바이벌이나 보면서 수다 떨면 그뿐이다. 그리고 그냥 그 집에 퍼질러 누우면 그뿐이다. 그것 말고는 정말 이젠 아무것도 내게 남아 있지 않다. 이 글도 그냥 나는 쓴다. 작가이기 때문에 숭고한 정신으로 쓰는 것이 아니다. 내 몸은 오로지 침대에 눕거나 글을 쓰기 위해 앉아 있을 뿐. 유일한 나의 이 취미는 솔직히 낡지 않고 평생 갔으면 좋겠다. 누가 봐도 언제나 새로운 글을 쓰는 시인. 내가 되고 싶은 시인은 바로 그것이다. 그러므로 나는 오늘도 책상 앞에 앉았다. 유일하게 내게 힘이 되고 즐기는 일. 키보드를 두드리는 일. 그리고 레고보다 더 큰 성취감을 주는 한 권의 책. 이 한글 원고들이 나와 편집자들의 손에서 여러 번 왔다 갔다 했다가 다시 나에게로, 그리고 독자들의 손에 들렸을 때를 생각하며 나는 오늘도 두드린다. 굳은살이 연약해질 때까지. 쓰고 푹 재운다. 언젠가 독자들의 입맞춤에 깨어날 때, 내 책은 그때 빛을 발휘할 수 있겠지.

일도 쉼이 될 수 있을까? 누군가 묻는다면 나는 뭐라고 답해야 할까. 그래 솔직하게 말하자. 예전에는 둘 다 할 수 있었다. 지금은 취미가 일이 되었다. 아마 다들 그럴 것이다. 이젠 아무리 운동을 열심히 해도 이 체력을 유지하기 위해, 버티기 위해 운동하는 것뿐 아무것도 나아진 것이 없다. 여러분, 취미가 빈칸이라면 일을 선택하라. 좋아하는 일을.

그럼 버틸 수 있다.
휴덕하지 않을 수 있다.
행복할 수 있다.
나는 지금도 그렇게 믿으며 이 글을 마친다.

침대가 나와 한 몸이던 시절

침대가 나와 한 몸이던 시절을 추억해 본다. 불과 1년 전이었고 소화 기관과 기초 대사량이 왕성하던 시절이었다. 당시 나는 굉장히 사치스러운 사람이었다. 얼마나 사치스러웠냐면 날씨가 너무 좋아도 너무 나빠도 나가지 않고 가만히 누워서 하루를 낭비했다. 이것은 명품 쇼핑백을 급하게 구매하는 것보다 더한 사치다. 일례로 과거에 내가 뉴욕에 엄마와 한 달간 여행 갔을 때 아무것도 안 할 자유가 있다며 (당시 나는 뉴욕에 1년, 2주 또는 한 달씩, 4회나 다녀온 후였다) 가만히 누워서 아무것도 하지 않았다. 그냥 창밖의 지하철이 건축물 사이를 통과하는 것을 보거나 해지는 것을 보며 정말 저 아름다운 풍경이 이 집에 있다니 이 방만, 이 공간만 뚝 떼다가 설치 미술로 우리 집에 만들고 싶다. 그렇게 말했다. 그럼 엄마가 내게 물었다.

| 소호야, 넌 그럼 뉴욕에 왜 왔니?
　| 뉴욕?
　| 즐기러 왔지. 내 방식대로.

그러다 가끔 죄책감이 들면 나는 방 안의 책상에 앉아 글을 썼다. 글을 쓰면서 일기 같지도 않은 일기를 썼다. 하지만 그것도 많이 하지는 못했다. 글이 써지지 않는다는 핑계로 온 것이기 때문에, 뭐랄까. 나에게 뉴욕은 반복되면서도 다채로운 도시였다. 3년 전에 분명히 줄을 서서 먹을 수밖에 없는 브런치 가게가 오늘 영업 종료를 선언하는 것을 보면서 나는 뉴욕의 이면을 느낀다. 나도 그렇다. 나는 침대와 내가 한 몸이던 바로 그 시절과 침대에 절대로 눕지 않는 지금의 내 모습을 생각한다.

침대에 몸뚱이가 떡 붙었네. 너 허리 안 아프냐?

그렇게 누워만 있으면 허리가 안 아프냐는 이야기다. 이 이야기는 '프로 침대러'라면 누구든 듣는 말이다. 누워서 가만히 쓰러져서 무기력 상태를 유지하는 것이다. 힘을 최소한으로 줄이고 근육의 움직임이 느껴지지 않는 것이다. 침대 안에서 나는 그냥 등을 붙이고 누워 손가락만 까딱까딱 필요한 일만 하는 것이다. 이 상태는 아무것도 하고 있지 않지만, 훨씬 격렬하게 아무것도 하지 않으며 앞으로도 아무것도 하지 않을 것이라는 시위를 몸소 보여주고 있는 것이다. 그래서 화장실에 가는 것 말고는 아무것도 움직이지 않는다. 침대를 벗어나지 않는 방법은 어렵지 않다. 우선 안대와 베개, 안락한 침구를 준비할 것, 침대 스탠드가 있어서 슬쩍 몸만 틀고도 집을 암전으로 만들 수 있을 것. 시간에 구애받고 잠들 수 있도록 암막 커튼이 필수일 것. 잊어서는 안 된다. 몸은 최소한의 체력을 유지해야 한다. 안 먹어야 화장실도 덜 간다. 정 배가 고플 땐 숨겨둔 비상식량을 먹어야 한다. 음식은 헤비heavy하지 않아야 한다. 누워서 먹어도 전혀 부담이 없는 음식이어야 하기 때문이다. 충전기는 많으면 많을수록 좋다. 여기저기 어디서든 누우면 꽂을 수 있어야 하기 때문이다. 아, 한 가지! 침대족族들에게 추천한다. '자바라'를 사라. 스탠드형으로. 내 삶은 자바라의 유, 무를 기점으로 나뉜다. 산다면 누워서 '미드'를 볼 수 있다. 물도 있으면 좋다. 이왕이면 온도가 오래 유지되는 스테인리스에 빨대를 넣을 수 있어 누워서도 안정적으로 물을 마실 수 있어야 한다. 그러니까 이 모든 것이 유기적으로 연결되고 있는 이곳은, 이소호의 마지막 남은 벙커다.

글은 언제 쓰냐고?

이런 무기력하던 시절에 나는 글을 쓰지 않았다. 누워서 휴대폰에 마지막 남은 양심으로 메모를 갈겼다. 아, 나는 시인이니까. 그래도 오늘 하루 너무 놀지 않았나? 하나라도 쓰지 않으면 안 되지 않을까. 그 마음으로 썼다. 두 줄이라도 썼다. 하지만 그것은 쓴 게 되지 않았다. 다음 날이 되면 쓰레기 같은 메모라 바로 삭제해 버렸기 때문이다.

눈 버렸네. 나?

이제 침대족의 인간관계에 대해 말하고 싶다. 이렇게 집안의 천덕꾸러기 신세를 면치 못하는 나는 집에서도 인간관계에 대실패하는 시기로 돌입한다. 여러분은 일단 나를 한심하게 생각하는 부모를 잃을 것이다. 부모를 잃고 형제를 먼저 잃을 것이다. 나는 장녀이므로 나를 한심하게 생각하는 동생을 잃을 것이다.

나에게 침대는 집 안의 섬 안에 딸린 또 다른 작은 섬이다. 내게 용기 내어 조금 가까이 배를 타고 온 동생은 확성기에 대고 이렇게 소리친다.

| 언니 살아 있는 거야?
| 뭐라도 하지 않아도 돼. 죽어서는 안 돼.

모두에게 나의 생활 반경은 단지 침대를 벗어나지 않았다는 이유 하나만으로 죽기 일보 직전의 인간이 되었다. 그 정도는 아니라고 몇 번이나 이야기했지만 통하지 않았다. 이유는 단순하다. 사람들이 일어날 때 일어나지 않고 사람들이 움직일 때 움직이지 않아서. 사람들은 뭔가 본인이 생각하는 상식적인 일을 했을 때, 그제서야 나는 사람이 된다.

그러니까 침대에 붙어 사는 사람은 사람이 아니다.

이 사람은 텔레비전에 나오는 한심한, 어쩌면 히키코모리라고 생각할 수 있겠다. 침대에서 내가 이렇게 바쁜지 아무도 모르니까 그런 말을 하는 거겠지.
나는 침대에서 시도 쓰고 산문도 쓸 수 있다. 물론 그게 늘 성공하는 것은 아니다. 침대는 확실히 책상보다 유혹이 많다. 약이 셀 때는 꼭 낮잠도 잤다. 낮잠을 자면서 잠에 점령당한 하루를 살면서 그 누구보다 가장 사치스럽게 살았다.
이젠 돈보다 시간이 아까워진 우리.

사실 우리 가족은 어쩌면 모두가 외톨이일지 모르겠다. 각자의 방과 각자의 침대를 가졌다. 서로의 집을 보려면

저 멀리서 화상 통화를 해야 한다. 같이 살 때도 웃겼다. 우리는 전화로 서로를 불렀다. 엄마는 내게 애플워치를 사줬는데 이것은 진동벨 역할을 한다. 전화가 손목으로 오면 방으로 오라는 소리다. 할 말이 있으니.

| 오늘 뭐 썼어?

질문 왕에게 오늘은 정말 많이 썼다고 뻥쳤다.
그래야 더는 질문하지 않기 때문이다.
그리고 구체적으로 뻥친다. 어떤 글을 썼는지.
이게 바로 제가 목차를 미리 짜는 이유지요.
최선의 변명이기 때문이에요.

나는 거짓말을 쭉 늘어놓고 나와 침대에 눕는다.
모든 것이 제대로 돌아가고 있다는 생각이 든다. 생각해 보니 우리는 모두 각자 외톨이다. 각자의 섬이 하나씩 있다. 나처럼 물리적으로 침대가 섬인 사람, 마음에 비밀처럼 섬 하나를 두고 매번 건너갔다가 넘어오는 사람. 그래. 섬이 무엇이냐가 중요한 것이다. 침대에 누운 사람들이 용기를 가졌으면 좋겠다. 섬은 언젠가 벗어나게 되어 있다. 그리고 반증하여 다시 묻고 싶다. 우리는 꼭 침대를 떠나야 하는가? 가장 편한 그 장소를 떠나라고 강요하는 사람들이 과연 나에게 어떤 이유로 그런 말을 할 자격이 있는가? 한심하다고 느끼는 것은 그들이 나의 단편만 보았기 때문이다. 자신의 입맛에 맞지 않은 하루를 내가 살아가고 있기 때문이다.

그럼 이것 하나만 기억해 보자.
당신의 섬은 당신에게 어떤 의미인가.
모든 것을 제외하고 말이다.

그러므로 나는
가만히 누워 등과 이불보가 딱 붙을 때 생각한다.

이 섬은 너무 아름답다.
벗어나기에는 너무나.

지극히

평범한 하루

눈을 뜬다. 여기까지는 같다. 모든 인간이 같다. 그러나 좀처럼 쉽게 일어나기 어렵다. 직장인이던 시절에는 기계처럼 일어나서 샤워실로 직행하며 잠을 깼지만 현재 나는 프리랜서다. 돈이 없는 대신 일도 자유롭다. 내가 피곤한 이유는 단 하나다. 어제 글을 썼기 때문이다. 지금 이 글도 내일 내가 눈을 뜨는 그 순간을 힘겹게 하겠지, 그런 생각밖에 들지 않는다. 나는 지금 신성한 노동을 하는 중이므로 서른다섯 살의 하루를 세세하게 적어보겠다.

집순이 이소호는 10여 분의 사투 끝에 침대에서 일어난다. 출판사에서 온 메일을 보며 내가 해야 할 일의 우선순위를 정해본다. 할 일이 참 많구나. 왜 하루가 길다고 생각했을 때는 아무 일도 일어나지 않았는지 속상해진다. 일은 늘 한꺼번에 몰렸다 한꺼번에 사라진다. 그 사라짐에 골몰한다. 보아하니 오늘도 밤샘 각이다. 어쨌든 이소호는 침대를 벗어나 두 발을 딛고 방문 앞에 서 있다. 눈을 뜨고 발을 땅에 내려놓자마자 해야 할 일은 단 하나다. 엄마와 할머니에게 안부를 묻는 일. 그간 안녕하셨는지요. 우리 집은 유교가 지배하고 있다. 유일한 믿음은 유교이며, 인사를 꼭 물어야 그분들이 다음 달의 나를 구원하신다. 엄마는 이제 나의 루틴을 완벽히 파악하고 있다. 나는 일어나면 대부분 운동을 가지만 요즘은 운동 갈 시간도 없이 바쁘다. 잠에서 깨면 오전 11시쯤 되어 있고 잠드는 시간은 새벽 3시가 되어버렸는데 뭔가 잘못되어도 한참 잘못된 것 같다. 아무튼 평소라면 한 시간 동안 웨이트 트레이닝을 하고, 웨이트를 하지 못하면 케틀 벨 18킬로그램을 들거나 스쾃을 스물다섯 개에서 서른 개 정도 한다. 다리 들기도 스무 개 한다. 그러고 나면 하루를 시작할 준비가 되었다. 문안 인사를 받은 엄마는 내가 이 나이에 딸 수발을 든다며 일명 '바이킹 커피'를 만들어주신다. 바이킹 커피란 별 게 아니다. 500밀리리터짜리 호프 잔에 연한 아이스 아메리카노를 가득 타주는 것이다. 그것이 나의 '아점'이다. 배가 고프다고 하면 엄마는 김밥을 말아주시거나 볶음밥을 만들어주신다. 밥을 먹으며 나는 유튜브를 본다. 원래 일은 조금이라도 늦게 하면 늦게 할수록 좋은 법이다. 하기 싫은 일일수록 더욱 그렇다. 요즘 나는 뭘 써야 할지 주제가 잡히지 않아 난관에 봉착해 있다. 그러므로 더 쓰기 싫어 아무 생각도 하지 않아도 되는 것을 보는 것이 좋다. 내가 선택한 것은 매일 그렇듯이 〈사랑과 전쟁〉이다. 〈사랑과 전쟁〉은 오래전에 했던 연애와 결혼 문제를 다룬 드라마 형식의 방송 프로그램으로, 매회 젠더 감수성이 완벽하게 결여된 가정이 나온다. 이것은 지금의 현실일까? 현실이 아닐 수도 있다. 이보다는 덜할 것이라고 판타지를 바라는 마음으로 본다. 오늘도 남편과 아내는 싸웠고 시어머니는 표독스럽고 친정 엄마는 늘 몸이 아프다. 시아버지는 졸도를 많이 하고 친정 아버지는 늘 사업이 망한다. 시누이는 얄밉고 친정 오빠는 엉망진창 사고만 친다. 왜인지 우리 집 같다. 밥을 다 먹으면 엄마는 빈 그릇을 식탁에 가져다 놓으라고 한다. 엄마는 설거지에도 엄마만의 순서와 규칙이 있기 때문에 어기거나 건드리면 안 된다. 굳이 애서서 개수대에 풍당하지 않아도 된다는 생각에 안심이 된다. 그러고 나면 세수를 하러 간다. 피부과에 들인 돈이 아깝기 때문에 이제는 유지가 필수다. 올리브영에 가져다 바친 돈은 레이저 맞는 비용과 맞먹을 정도가 되었다. 피부도 면역력이 생기기 때문에 기초화장품도 자주 바꿔줘야 한다. 나는 요즘 보습을 중심으로 관리하고 있어서 약산성 폼 클렌징을 쓰고 순한 패드를 얼굴에 붙이고 문지른 후에 하이알루로닉이 듬뿍 들어간 제

품들을 얼굴에 겹겹이 쌓아 올린다. 피부가 이 좋은 영양을 다 토해낼까 봐 냉동실에 있는 얼음 마사지 기구를 꺼내 얼굴에 문질러 흡수시킨다. 이것이 내가 매일 하는 일이다.

자, 머리에 이제 핀을 꽂는다. 핀을 꽂는다는 것은 일을 할 준비가 되었다는 것이다.

일을 하자. 오늘 내가 쓰는 일을 액자식 구성으로 가져와 본다. 내가 쓸 일은 나의 하루다. 나의 하루는 앞에 얘기한 것처럼 흘렀다. 이제 노래를 고를 차례다. 노래를 고르는 일은 영 쉽지 않다. 나는 노래를 들을 때 가사가 들려도, 하드록이 들려도 글을 쓸 수 있다. 다만 리듬감이 풍부해야만 한다. 그런 노래로 점철된 것을 찾는다. 오늘 내가 듣고 있는 것은 '이랑 믹스'다. 자주 듣던 이랑의 노래를 믹스해 둔 것인데, 가끔 똑같은 노래가 연달아 새롭게 나오기도 한다. 그리고 라이브 버전도 들을 수 있어서 좋다. 아무튼 나는 BTS의 〈쩔어〉를 듣고도 시를 쓸 수 있다. 노래는 생각하지 않는다. 오로지 오늘 한 편의 시를 쓸 수 있게 할 감각과 리듬감만 살려준다면 못 들을 것이 없다. 그러므로 오늘 내가 반복해서 들을 노래는 이랑의 〈대화〉로 정해졌다. 대화는 왈츠 같다. 그러므로 왈츠를 추듯이 자판을 두드린다. 업무의 반은 노래가 다 했다고 보면 된다. 이제 쓰기만 하면 된다. 내가 오늘 일어나서 뭘 했는지 더듬더듬 적어본다. 출판사와 통화를 했다. 나는 나의 매니저기도 하므로 스케줄 조절을 적절히 해야 한다. 나는 출판사와 각각 나의 이야기를 나눈다. 나는 잘할 수 있다고 믿는다. 종일 글만 쓰는 것은 아니다. 물론 지금 손가락을 재빨리 움직이고 있을 때는 불가능하지만 글이 잘 풀려 하루에 두세 꼭지 써질 때는 SNS를 확인한다. 이소호도 검색해 본다. 거기에는 내가 모르는 내 이야기가 제일 많다. 내 이야기는 재미있다. 내 이야기는 즐겁다. 내 이야기는 가끔 나를 불쾌하게 할 때도 있다. 내 책을 사려다가 구려서 안 샀다는 글도 있다. 모두가 날 좋아할 수 없기 때문에 이해한다. 하지만 대부분 재미있다고 한다. 하긴 모든 리뷰는 재미가 정말 있거나 정말 없을 때나 쓰게 되는 법이다. 그래서 극과 극을 달리는 내 글에 대한 평가를 보면서 나는 나를 재평가한다. 아, 요즘의 나는 이런 평가를 받고 있군. 신경 쓰면서 신경 쓰지 않는다. 왜냐하면 오늘의 나는 다른 글을 쓰고 있기 때문이다. 이런 면에서는 내가 멘털이 정말 세다는 생각이 든다. 지금은 서른다섯 살 시인, 앉아서 일하는 여성의 하루를 써달라고 해서 쓰고 있지만 그게 어떤 의미가 있는지는 모르겠다. 이십 대 작가들도 이렇게 살 것 같다. 그래, 여기까지는 똑

같을 것이다. 이제 다른 점을 덧붙여보자.

삼십 대 시인은 아침에 콜라겐을 하나 먹고 저녁에도 콜라겐을 하나 먹는다. 챙겨 먹는 영양제는 종합 비타민 두 알, 오메가3 한 알, 유산균 두 알, 마그네슘 한 알. 제법 큰 알약도 있어 물과 함께 영양제를 삼키면 배가 부를 정도다. 약을 먹고 다시 글에 손을 댄다. 갑자기 생 유산균 한 포를 먹지 않은 것이 떠올랐다. 이것도 한 포씩 먹어야 한다. 요즘 소화가 안 된다는 생각이 들면서 유산균을 미친 듯이 먹고 있는데 효과는 없다. 걱정된다. 친구랑 놀러 갔을 때 내 장에 이상이 생기면 어떡하지 고민한다. 갑자기 한 포 더 먹어야 할 것 같아서 뜯었다. 많이 먹는다고 좋은 게 아니라고 누가 그랬지만 마음이라도 안정되면 좋다고 생각해 한 포 더 먹는다.

저녁이 되었다. 나는 이제 활동한다. 배가 많이 고플 때는 단백질 파우더를 먹는다. 아침에 다 못 한 스쾃도 한다. 다리 올리기도 한다. 뱃살이 가장 늦게 빠진다는 말은 들었지만 이 직업을 가진 이상 슬쩍 나온 뱃살은 어쩔 수 없는 나의 친구다. 지금보다는 살이 덜 찌게 유지할 수 있도록 나는 열심히 하체 운동을 한다. 이것이 나의 최선이다. 밖에 나갈 틈도 없이 원고를 써야 하는 상황이라 집에서라도 최선을 다해 운동을 한다. 대부분 글은 벌써 다 썼다.

나는 손이 빠르기 때문이다.
시간이 남으면 한 편 더 쓴다.
그리고 또 시간이 남으면 몰래 한 편 더 쓴다.

어느 재수 없는 날은 아무 일도 하지 못하기도 한다. 그런 날은 마음과 기분을 모조리 버린 날이거나, 쓰고 싶은 게 없어서 입을 닫은 날이다. 그러면 그 입을 열기 위해 온라인으로 그림을 보거나 유튜브를 본다. 유튜브에는 모든 세상이 다 있으니까. 나는 방 안에서 잠시 방 밖으로 떠났다 돌아온다.
이것이 내가 마침표를 찍기 전까지 일어난 일들이다.
서른다섯 살 프리랜서의 삶은 이렇다. 강의를 나가지 않는 이상, 독자 행사나 출판사에 가지 않는 이상 아무도 만나지 않고 아무런 일도 일어나지 않는다.

서른다섯 살은 좀 다를 것 같았는데 이렇게 정리를 해보니 똑같다. 몇 가지 영양제를 더 챙겨 먹고 의무적으로 운동을 한다는 것 말고는 말이다.

써놓고 보니까 더 잘 알겠다.
나는 당신과 같은 사람이다.

서른다섯 살은 좀 다를 것
같았는데 이렇게 정리를
해보니 똑같다.
몇 가지 영양제를 더 챙겨
먹고 의무적으로 운동을
한다는 것 말고는 말이다.

써놓고 보니까
더 잘 알겠다.
나는 당신과 같은
사람이다.

파티가
끝나고 난 뒤•

서른다섯 파티는 끝났다. 내가 하고 싶은 말이다. 단 한 잔의 수조도 어려웠던 스무 살의 나는 이제 말술이 되었고 밤새 단 한 번도 졸지 않고 술을 마실 수 있게 되었다. 술은 특효약이었다. 적어도 나에게는. 기쁨도 슬픔도 잊을 수 있었고, 사람들과 쉽게 친해지거나 쉽게 멀어지기에 딱 좋았다. 그래서 나는 점심을 먹을 때마저도 글라스로 와인 한 잔을 꼭 시켰고, 안주는 먹지 않았다. 나를 바라보던 정년을 앞둔 교수님은 그렇게 말했다.

> 소호야, 그렇게 먹다가는 죽는다.
> 내 친구도 다 죽었단다.
> 그러니까 배가 불러도 안주는 꼭 먹으렴.

내가 안주를 먹지 않는 이유는 단 하나다. 술을 더 많이 마시지 못하기 때문이었다. 술만으로도 배가 차는데 어떻게 안주를 시킬 수 있지, 그렇게 생각했다. 그리고 그것은 지금까지 나의 술버릇이 되었다. 나는 정말 오로지 술만 마셨다. 전성기를 이야기해 보자면 와인 한 보틀은 거뜬했고, 맥주 500cc 여덟 잔, 소주는 다 같이 마시니 세어 본 적이 없다. 그냥 난, 술자리에 오래 버티기 위해 술을 마셨던 것 같다. 모두가 취한 그 분위기. 모두가 내일이 없는 것처럼 놀고 비밀을 쉽게 터트리는 그 시간을 즐겼다. 안주는 당연히 먹지 않았다. 안주는 술맛을 해칠 뿐이었다. 단지 그것이 내가 술과 술의 맛에 오로지 집중하는 일이었다.

그러나 오늘의 나는 완전히 다르다.

나는 이제 술꾼이 아니다. 밤을 샐 수도 없다. 숙취에 좋다는 편의점에서 파는 갖가지 약을 먹고도 나는 버틸 수 없다. 안주를 많이 먹어보기도 했다. 그래도 소용이 없었다. 그냥 나는 마시는 순간 속이 아팠다. 애초에 건강하지 못한 간을 너무 이른 나이에 혹사시킨 것 같다. 그냥 이젠 한 잔을 아주 오랫동안 마신다. 장타보다는 단타가 좋고, 장타를 칠 거라면 한 병을 아주 오랫동안 둘이서 나누어 마시지 않으면 안 된다. 그게 아니라면 아무런 방법이 없

● 저자는 이 잘못된 음주 방법을 절대로 추천하지 않는다는 것을 미리 밝힌다.

는 나는 평소대로 '달려버리는' 실수를 저지르고 만다. 아직도 나는 건장하다는 것을 꼭 술로 보여주고 싶었던 것 같다. 그러나 그것마저도 실패로 돌아간다. 실패는 쉽다. 실패는 일단 몸에서 뭔가 반응한다. 아무도 모르게. 오로지 나만 느낄 수 있는 일이 일어난다. 우선, 10시에서 12시만 되면 오는 잠을 이겨낼 수 없다. 아침잠이 줄어든 나는 9시에 글을 쓰고 뭔가를 하려면 꼭 그때는 손을 털고 일어나야 한다. 그러나 여기서 내가 아무에게도 말하지 않은 한 부분이 있다. 그래서 이야기한다.

집에 도착하는 순간부터 당신들이 모르는 세계가 시작된다. 나는 분명히 오늘 술을 맛있게 먹었다. 그리고 숙취는 사실 불면이었다. 간이 활성화를 해야 하기 때문이다. 그렇기 때문에 불면. 그 와중에 늘 글을 쓰고 잤다. 하지만 난 이제 그럴 힘이 없다. 간이고 뭐고 나는 그럴 힘이 없다. 그래서 내가 선택한 방법은 단 하나였다. 다음 날 머리 아프지 않을 유일한 방법. 집에 도착하자마자 손가락을 목구멍으로 깊게 찔러 넣어 먹은 것을 다 토해내는 것이었다.

먹고 토하고 먹고 토하고.
섭식 장애의 하나라고 들어본 적이 있다.

나는 술자리를 좋아하기 때문에 술의 유혹을 끊을 수는 없다. 그렇다고 다음 날까지 숙취에 시달릴 시간도 없다. 나는 술 없이는 사람들과 노는 방법을 잘 모른다. 그렇기 때문이었을까. "술 없이도 잘 놀아"는 거짓말이고, 코로나로 줄어든 주량을 높이는 방법은 찾지 못했다. 그래서 결정한 단 하나의 선택이었다.

'먹토'는 쉽다.
나는 안주를 먹지 않기 때문에 더 쉽다. 그냥 손가락을 넣고 그날 먹은 술을 물끄러미 바라본다. 나는 와인을 좋아한다. 이유는 토하는 내용물이 다 보이기 때문이다. 얼마나 많은 술을 마셨고 얼마나 많은 술을 게워냈는지 알 수 있는 것은 색이 있는 술이다. 지인들은 내가 술자리에서 이제 집에 가야겠다고 급하게 택시를 부른 것을 본 적이 많을 것이다. 그것은 단순하게 말하자면 그 술자리에서 몰래 손가락을 넣어서 토를 한 이후다. 아, 여기서 더 하면 내가 실수하거나 내일 내 일정을 소화하지 못하겠구나 느꼈기 때문에 급격하게 후다닥 택시를 타는 것이다.

여기서 끝이 아니다. 집에 돌아가면 두 번째 '먹토'가 기다리고 있다. 아직 다 게워내지 못했다는 것은 돌아오는 택시에서 느낄 수 있다. 택시 안에서 내가 멀미를 한다거나 몰려오는 졸음을 이겨내지 못한다는 것은 곧 술이 아직 덜 깼다는 것이다.

상상한다.
다음 날의 나를.
다음 날의 나는 방바닥을 기어 다니겠지. 그리고 "엄마 해장국 끓여줘" 말하고 욕을 얻어먹겠지. 그리고 그 해장국을 제대로 먹지도 못하고 가만히 시체처럼 누워 있을 몇 시간의 나를 생각한다. 그동안 늘 그랬다. 그리고 그때는 힘이 있었기에 손을 가만히 키보드에 얹어 놓고 글을 썼다. 그것은 모두 책이 되어 돌아왔다.

그러나 지금은 아니다.
나는 아무것도 할 수 없음에 돌입한다. 먹고 토하지 않으면 나는 다음 날을 이어나갈 수 없다. 나에게 이제 적당량의 술이란 빨리 많이 마시는 것이 아니다. 천천히 느리게 프랑스식으로 입가심하는 정도의 와인이 적당하다는 것을 알아냈다. 나는 이제 졸음도 금방 온다. 그래서 분위기를 망치기 전에(이미 내가 일어나며 그 분위기를 망쳤는지도 모르겠다) 일어난다. 추한 꼴을 보이고 싶지 않기 때문이다.
일어난다. 다시는, 다시는 마시지 않으리라 다짐하지만, 나는 솔직하게 이야기해서 술을 자주 마신다. 그리고 술자리에 있는 사람들에게 다정하게 말을 한다.

> 나 화장실 다녀올게.

손가락을 넣는다.

오늘을 전부 게워낸다.

이 사실은 나만 아는 작은 비밀이다.

'나는 스무 살이었다. 당시의 나는 슬프고 못생기고 하여튼 아무런 희망도 없었다.'

미술 작가, 마리 로랑생의 말이다.
그녀는 코코 샤넬의 초상화를 그린 여자.
시인 기욤 아폴리네르의 연인으로, 시인에게 영감을 준 뮤즈라고 소개되어 있었다.
그녀는 전시회 어디에도 없었다.
당그러니 인체 빼앗긴 모를 말과 그림만 남았을 뿐.

2018년 1월 10일. 전시회를 찾은 연인들은 오묘한 핑크색으로 뒤덮인 그림들을 예뻐다고 했다.

그러나 나는 그 전시회에 아폴리네르의 시와 책이 쌓여 있다는 것이 이상했다.

그녀는 어디에 있을까.

이윽고 맨 위 문장에서 나는 걸음을 멈추었다.

어떤 그림보다 오래 그 문장을 보았다.

메모장에는 이런 글을 남겼다.

당시 내 나이 서른이었다.

'인간이라면 누구나 자기 자신의 지금을 현재를 오늘을

가장 큰 절망으로 받아들인다.

그러므로 우리는 하루하루 순교하는 마음으로 살아간다.

스무 살이었던 마리 로랑생에게 용기와 위로를.'

Inter-mission

―――― 제2막

엄마는 말했지,

인생은

매도와
손절이라고

결혼 정보 회사에 팔린 내 정보

한 달 전 모르는 번호로 전화가 왔다. 솔직히 말하자면 나는 전화기와 친한 편이 아니다. 두 통 정도 오면 그제야 '일이 났구나' 하고 콜백하는 정도이므로 절대로 절대로 모르는 번호의 전화는 받지 않는다. 그러나 그 번호는 하루에 세 번이나 내게 전화를 해댔다. 이쯤 되니, 조금 무서워졌다. 혹시 책 계약이라든가 외국에서의 즐거운 소식을 전하는 전화였는데, 받지 않은 거라면 최악의 상황이다. 갑자기 이 모르는 번호는 내 상상 속에서 이미 예술 서적을 내는 출판사가 되어 있다. 그들이 나를 이렇게 급하게 찾는 거라면 더 좋은 기회를 내게 주려 하는 것이겠지. 나는 나도 모를 나에게 관심이 있을지도 모를 미지의 출판사들의 이름을 하나씩 떠올렸다.

이 기회는 놓치는 사람이 바보지.

따르-

| 여보세요

벨이 울리기도 전에 허겁지겁 받은 전화번호는 괴이하게도 난생처음 들어보는 결혼 정보 회사였다.

그리고 실장님은 나를 이렇게 불렀다.
| 경은 씨, 안녕하세요.
| 여기 결혼 정보 회사인데요.

과거에 책에서도 밝힌 적이 있지만
나는 결혼 정보 회사에 아픔이 있다.
여우 아니면 '쩐따' 열 명 만나는 조건으로 무려 350만 원을 뜯겼기 때문이다.

나는 저 사람이 나를 홀리기 전에 단호하게 답했다.
| 네, 안녕하세요. 전화 잘못 거신 것 같아요.
| 제 이름은 경은이가 아니에요.
| 번호 010 - 4000 - 0000 아니세요?
| 맞아요. 그런데 전 경은이는 아니에요.
| 이상하다 받은 파일에는 그렇게 쓰여 있는데……
| 제 신상 정보가 적힌 파일을 받았다는
| 말씀이세요? 어떻게 그럴 수 있죠?

| 벌써 6년 전 일인데?

전에 등록해 보셨던 그 회사가 망했는데요.
저희가 인수하면서 회원들 명단을 가지게 되었어요.
죄송해요. 왜 망했는지 알겠네요.
저희가 대신 사과드릴게요.
이렇게 철두철미하게 정리도 못 하고…….
정말 죄송해요.

너무 자책하는 실장님의 말투가 슬퍼서, 내가 괜히 슬프게 만든 것 같아서 나는 잠시나마 그녀의 말동무가 되어주고 싶었다. 마침 마감도 할 일도 없던 우리는 전화를 길게 했다. 이것도 인연이라며 이 인연을 결혼의 인연으로 이어가자며 자신의 이야기를 들어줬으면 좋겠다는 말을 나는 뿌리칠 수 없었다.
나는 먼저 이상형에 대한 질문을 받았다. 외모는 솔직히 거의 보지 않지만 참을 수 없는 기준점은 있다고 말했다. 내 삶이 불안하니까 안정적인 사람이 좋겠다. 그 정도면 다 된다, 그렇게 말했다. 그러니 실장님은 걱정 말라며, 요즘은 코로나라 자연스러운 만남이 안 돼서 어차피 다들 결혼 정보 회사에 등록되어 있다고 우리만 호황이라며 달콤한 말로 속삭였다.

귀 얇고 여전히 정신을 차리지 못한 나는 정신을 차리고 보니 택시를 타고 압구정 결혼 정보 회사로 향하고 있었다.

둘러보니 대부분 부모의 손에 이끌려 이곳에 들어온 듯했다. 그러나 나는 홀로 당당하게 내 발로 들어왔다.
부모님은 중매를 싫어한다.
본인들이 중매로 결혼해서 망했기 때문이다.

> 너 연애로 결혼해!
> 왜 남자를 돈 주고 만나려고 해?
>> 나 고작 서른넷인데 내가 나이가 많다고
>> 얼굴도 보이기 전에 까이거든.
>> 그게 이 거지 같은 헬조선의 내 현실이야, 엄마.

그러나, 전화에서 그랬던 것과는 다르게 실장님은 좋은 이야기만 해주는 사람이 아니었다.
현실을 직시하라며 내 스펙을 술술 읊었고
이윽고 뼈 맞는 시간이 돌아왔다.

Q. 이소호 시인은 어떤 사람을 만날 수 있을까요?
  ① 전문직
  ② 사업가

③ 스타트업 및 중소기업 종사자
④ 9급 공무원

A. 노답

> 소호 씨 있잖아요. 제가 시인이 직업으로서
> 얼마나 좋은지 모르는데 설명해 주시겠어요?
> 등단은 하셨죠? 책은 몇 권 정도 내셨죠?
> 1년에 얼마를 벌어요?
> 그 정도면 그냥 시인은 직업도 아니네요.
> 그래도 상대에게 어필할 텍스트를 줘야 하니
> 그럴듯한 가족 이야기 좀 해주세요.

직장을 가졌던 아빠와 전업주부, 호주에 사는 동생 이야기를 했다. 그리고 그들은 이렇게 말했다. 전화로는 200만 원부터 있다더니 내 상태를 보더니 부가세 별도의 돈 1,000만 원을 내야 만남 성사가 가능하다고 했다. "1,000만 원 정도는 있어야 '사' 자 붙은 이를 소개시켜 드릴 수 있어요." 말했다. "전 '사' 자가 안 붙어도 괜찮은데요." 말했지만 묵살 당했다. 이번에는 나이 공격이 이어졌다.

> 남자들이 이젠 서른다섯 넘으면 찾지도 않아요.

> 왜요? 고작 한 살 차이인데.

내가 묻자 그녀는 그럴듯한 표현을 내놓았다.

> 시장에서 팔리는 대로 설명드리자면
> 서른네 살은 1캐럿 다이아고 서른다섯 살은
> 9부 다이아예요. 사이즈 차이는 그렇게
> 크게 없지만 1캐럿 다이아가 훨씬 비싸거든요.
> 그냥 그런 거예요. 결혼 시장이란 게 타이밍이
> 다 있거든요. 그러니까 하루라도 빨리 등록하세요.
> 남자의 모든 말을 들어주세요.
> 너무 잘난 여자 싫어하거든요.
> 내가 오늘 소호 씨 겪어보니까 몇 년간 연애를
> 왜 안 했는지 알겠네.
> 소호 씨, 너무 똑 부러지면 부러져요.
> 그러니까 적당히 하는 말에 알아도 모르는 척
> 많이 웃어주고 맞장구쳐주고 그러세요.
> 남자들이 좋아하는 게 뭔지 이제 감은 다 오잖아요.
> 아, 덧붙이고 싶은 건 무엇보다 눈을 낮추세요.
> 소호 씨는 엄밀하게 말하면 취미생활 정도의
> 글을 쓰고 계시잖아요.
> 제가 페미니스트라는 사실은 철저히 숨겨드릴게요.
> 만나면서 소호 씨가 내킬 때 고백하세요.

소호 씨 혹시 교포는 어떠세요?

교포는 시댁과 친정이랑 멀기도 하고 소호 씨가

하는 일에 대해서 이해할 필요도 없을 것 같아요.

그분들은 거의 오픈마인드잖아요.

저는 이 부분이 좋은 것 같아요.

소호 씨 작품도 영원히 이해하지 못할 거고.

참 좋은 것 같아요.

다만 교포 프로그램은 조금 더 비싸요.

기본 1,000만 원. 거기서 비행기 삯이 들어가는 거예요.

그러니까 소호 씨가 타스나 티켓을 쥐여 줘야

만날 수 있어요. 프로그램은 여러 가지예요.

퀄리티의 문제일 뿐이지. 누구든 만나보고

싶으시면 계약서에 사인하면 돼요.

소호 씨 곧 겨울이에요.

9부 다이아 되기 전에 빨리 시집가요.

내가 도와줄게요.

참담한 마음으로 집으로 돌아왔다.
나는 곰곰이 결혼 시장에서의 내 위치에 대해서 고민해 본다. 스펙보다 나이와 외모를 본다는 말에, 솔직히 당황스러웠다. 아주아주 솔직한 그 결혼 정보 회사는 내게 여자는 우선 예쁘면 좋은 곳에 시집간다고 그렇게 말했다.

그리고 나는 막 예쁘지는 않다. 그러니까 삼단 논법으로 다시 한번 설명하자면 이소호는 예쁘지 않고 젊지 않다. 남자들은 여자가 뭘 하는지는 중요치 않고 예쁜 여자와 결혼하고 싶다. 그러므로 이소호는 결혼하지 못한다. 과정이 어떻든 이 바닥에서는 이런 결론이 도출된다. 정말 하고 싶은 말이 많았지만 나는 그들이 가격에 따라 보여준 사람들의 모습을 찬찬히 살피며 나는 과연 어디에 들어갈까, 어디로 팔려가게 될까 생각하며 씁쓸해졌다. 그들이 정한 내 사회적 위치를 고려하여 보여준 사람들은 미안하지만 만남이 곧 벌칙같이 생긴 사람들이었다. 함께 걷기, 커피 마시기, 마지막으로 결혼하기가 상상조차 너무 끔찍해 좀 많이 별로인 사람. 그러나 가장 자본주의의 끝판이라고 생각했던 것은 내가 돈을 조금 많이 내면 이런 사람을 만나는 거고 돈을 높은 레벨에 걸면, 그러니까 200만 원이 아니라 1,000만 원을 내면 잘생긴 사람을 만날 수 있다며 얼굴을 보여줬다. 부자에 얼굴도 반지르르한 훈남이 거기 다 있었다. 마치 부동산의 허위 매물처럼 실망만 가득 안고 눈만 높아져서 집으로 돌아왔다.

문득 그런 생각이 들었다.
저 사람들은 다 1,000만 원을 냈을까? 아닐 것이다. 예전에 친하게 지내던 의사인 언니가 자꾸 중매쟁이가 자신의 졸업 앨범을 몰래 사서 뒤쪽에 있는 연락처로 전화를 넣어 제발 공짜로 한 번만 나가달라는 전화가 와서 화가 난다는 이야기를 들은 적 있다. 그들은 결혼 정보 회사에서 공짜로 나가만 줘도 감사한 사람들이다. 그리고 오늘 자기 눈앞에 놓인 '거지 시인'은 내세울 게 하나도 없기 때문에 1,000만 원이 꼭 필요하다.

그냥 좋은 사람을 만나고 싶었을 뿐인데.
새로운 방식으로 상처를 주네?

지금도 매일 새로운 결혼 정보 회사에서 전화가 온다.
서울과 강남 바닥의 구천을 떠돌아다니는 내 정보는
곧 중국까지 진출할 것 같다.
하지만 그들은, 전화를 건 실장님들은 꼭 이렇게 시작한다.

> 소호 씨.
> 소호 씨가 그쪽 바닥에서 아무리 잘돼도
> 소용없어요.
> 여자는 커리어가 중요한 게 아니에요.
> 재산도 중요하지 않아요.
> 내년이면 서른다섯이잖아요.
> 결혼에도 커트라인이라는 게 있어요.

노산에, 삼십 중반 딱 찍으면
엄청 힘든 거 잘 알죠?

고민하지 마세요.
이제 두 달 남았어요.

소호 씨, 소호 씨가
그쪽 바닥에서 아무리
잘돼도 소용없어요.
여자는 커리어가 중요한 게
아니에요.
재산도 중요하지 않아요.
내년이면 서른다섯이잖아요.
결혼에도 커트라인이라는 게
있어요.
노산에, 삼십 중반
딱 찍으면 엄청 힘든 거
잘 알죠?

고민하지 마세요.
이제 두 달 남았어요.

파랑에서 빨강으로

아침 9시, 장이 열린다.

장은 빨간색과 파란색으로 나뉜다. 대부분 장은 파란색이다. 마이너스 마이너스. 인생이 마이너스지 대부분 플러스는 없다. 우리 집을 봐라. 부자 인생 삼대는 간댔는데 그것도 다 옛말이다. 우리 집은 정직하게 일했다. 아버지는 교사였고 성실했고, 할 수 있는 다른 잔업까지 성실히 이행했다. 그러면 뭐하나. 나라가 망하고, 잘못된 이주를 한 덕분에 결국 손익분기점은커녕 하락세로 풍비박산이 났다. 그 결과 우리는 집 하나 없이 쫄딱 망하여 서울 할머니 집으로 들어갔다.

나라에 손절당한 우리는 할머니 집에서 더부살이한다는 조건으로 살림살이를 도맡아 하며 할머니의 눈치를 본다. 거실을 차지하고 있는 할머니의 심기를 거스르지 않는 우리는 집이 절박하게 필요했다. 그래서 다른 돈벌이를 찾아야 했다. 아버지는 어디냐고 전화하면 인천공항이라고 말하는 콜밴 기사가 되었고, 엄마는 바로 이 시대에 안 하는 사람이 바보라고 불리는 주식을, 망할 놈의 주식을 하고 있다.

빨간 날은 좋은 날
파란 날은 나쁜 날

그게 내가 주식을 기억하는 방법이다.

나는 사실 주식을 하지 않는다. 주식을 하는 엄마를 관찰한다. 엄마의 인생은 마지막 티켓 주식을 향해 있다. 아마 내가 결혼을 하고 싶은 것과 같은 이치겠지. 그렇게 생각하면 마음이 조금 편하다. 어쨌든 엄마는 유산을 '몰빵'했다. 얼마는 꿍쳤다고 말했지만 사실 거짓말 같다. '몰빵'하지 않으면 안 되는 돈으로 엄마는 계좌도 몇 개나 개설했다. 그리고 대부분 눈치챘겠지만 빨간 날이 가득한 사람은 전설에만 존재하며 보통의 사람은 우리 엄마처럼 푸르르다. 망망대해의 파도를 타며 오르락내리락 뱃멀미를 하며 장이 닫히는 오후 3시 30분까지 앓아누워 있다. 나는 그런 엄마를 바라보며 생각한다.

단타를 치지 말고 장타를 치면 안 되나?

하지만 인간은 호기심의 동물이다. 단타는 당장 오늘의 돈이 된다. 그게 가장 큰 이점이다. 장타는 대부분 덜 망한다는 이득이 있는데, 문제는 장타라고 넣어놓고, 뭐가 좋다고 하면 영혼을 끌어모아 다른 곳에 또또또 투자하는 것이 인간의 관습인 것이다. 아무튼 우리 엄마는 장타와 단타 종목을 헷갈리기도 하고, 유혹에 쉽게 흔들리며 모두가 알 만한 지식. 말 그대로 은밀한 지식이 아닌 유튜브 지식으로 투자하는 개미 중의 가장 하급 개미다. 그럼 개미가 살 방법은 단 하나뿐이다. 매수는 가장 적은 돈일 때 하면 된다. 그러나 매도 그러니까 손절할 타이밍은 정말 어렵다. 엄마는 그래프를 보며 이렇게 중얼거렸다.

아, 그때 팔았어야 했는데 내가 못 팔아서……

엄마가 망했다는 사실은 묻지 않아도 알 수 있다. 대부분 기사를 통해서 알게 된다. 모 게임 회사의 요동치는 그래프가 많은 사람의 마음을 아프게 했던 것 같다. 기사가 있고 기사 아래 커뮤니티 사람들은 거의 울고 있었다. 그중 하나도 우리 엄마겠지. 엄마는 돈 천이 왔다 갔다 하는 지금 죽음의 롤러코스터를 탔다. 엄마 삶에서 가장 내리고 싶은 순간이었겠지. 나는 안다. 우리 엄마는 빙글뱅글 돌고 있다.

아무튼 손절은 이렇게나 중요하다. 나는 엄마에게 그래서 진정한 손절의 타이밍이 언제가 좋을까 질문해 보았다.

엄마는 이렇게 말했다.

> 소호야 손절은 말이지. 이익이 났어.
> 이 정도면 됐다. 이때 파는 게 손절이야.
>> 엄마 손절이란 단어를 잘못 사용하고
>> 있는 것 같아. 손절은 나쁠 때 쓰는 말인데,
>> 덜 손해나기 위해 쓰는 단어야.
> 그래? 그럼 손절에 대해서 다시 설명해 봐.
>> 연을 끊는다는 이야기야. 다시는 보지 않겠다고.
>> 내가 이 종목과 인연을 확 끊어버리는 거야.
>> 치사하고 더러워서 다시는 안 보겠다고
>> 선언하는 게 손절이라고.
> 아, 그게 손절이니?
> 난 지금까지 그런 것도 모르고 손절했네.

나는 손절에 대해서 생각해 본다. 내가 만약 주식을 한다면, 진정으로 그 모든 순간을 간파할 수 있을까? 사실 불가능에 가깝다. 가장 저렴한 가격에 사는 것을 안다 하더라도, 지금 당장 어떤 일이 일어날지 모른다는 게 인생사인 것처럼 절대로 손절의 순간은 알 수 없다.

인간관계도 마찬가지다. 나는 그를 사랑했다. 그를 가장 저렴한 가격에 샀다. 그는 인기가 처절할 정도로 없었다. 전도유망하지도 않았으며 그냥 그런 삶을 살고 있었다. 그러나 나는 그를 사귀며 그를 바꾸어놓았다. 예쁜 옷을 입히고 머리 스타일도 바꾸고 안경도 바꿨다. 머리끝부터 발끝까지 어디 가서도 사람은 괜찮은데 겉이 참……. 이런 이야기를 듣지 않을 정도의 껍데기 변모를 마쳤다. 변모를 마치자 그의 가치는 올라갔다. 다 내가 이루었지만 콧대가 높아진 그는 여기저기 곳곳에서 포착되며 여러 명을 찔러보기 시작했다. 모두가 그의 가격을 올렸다. 그리고 높은 가격의 그는 우리가 '뚠뚠'이 아니라고 생각했는지 날 차고 가장 높은 가격에 그를 알아본 그녀에게로 갔다. 이게 내가 아는 손절이다.

연인 사이의 손절은 그나마 괜찮다. 나는 친구들끼리 어떤 무리에 꼈었다. 나의 위치를 확고히 하고 싶었던 나는 그 무리에 필요한 사람이 되기로 결심했다. 어릴 때부터

할 줄 아는 것이 많고 손재주가 약간 있었던 나는 뭉툭하지만 빠른 손으로 친구들의 국어부터 미술 숙제까지 해주었다. 그래서 소위 '짱'이라 불리는 아이의 심기를 거스르지 않기 위해 여러 버전으로 재능을 돌려 막아 한껏 나의 존재를 뽐냈다. 몇 번의 테스트도 있었으나 결국에 나는 살아남았다. 진정으로 안정적이라고 생각했다. 그러나 올라가기 쉬워도 떨어지기도 쉬운 것이 주식이다. 나는 아주 사소한 일로 가치가 떨어져버렸다. 과제가 내가 한 것임이 들켰기 때문이다. 죄는 온전히 내가 짊어졌고 나는 그 길로 그 그룹에서 손절당했다.

엄마에게 나는 다시 물었다.
> 엄마는 이제 언제 손절해?

주식? 아니면 사람?
> 사람.

버거운 사람, 감당하기 힘든 사람, 쟤에게는
더는 잘해 줄 필요가 없을 때. 줄 게 없을 때.
난 그때 손절을 하지.
> 사람도 주식이랑 똑같네.

그 대화를 끝으로 나는 엄마 방을 나왔다.
장을 끝낸 엄마는 고요하다.

엄마는 말한다.

> 소호야, 붉은 것을 본 게 언제였는지
> 기억나지 않아. 지금은 1,000만 원 손해지만,
> 이게 복구만 되잖아?
> 그럼 엄마는 아이폰이랑 아이패드를 사고 싶어.
> 애플이 얼마나 좋은지 내가 그때 알았다니까.
> 너 보니까 에어 머시기로 막 사진 보내는 거
> 멋지더라.

엄마 소원대로 붉었으면 좋겠다. 아주 피 칠갑을 한 휴대폰을 단 한 번이라도 보고 싶다.

장이 닫히면 엄마는 주식 공부를 한다.
공부라고 해봤자 결국 유튜브인데, 결국 쌀 때 사서 비쌀 때 팔라는 이야기를 아주 어렵게 한다. 마치 미래를 알고 있는 사람처럼 말하는 꼴이 우습기만 하다.

> 엄마.
> 한 치 앞길도 모르는 게 사람 속이라고 했지?
> 내가 보기엔 주식이랑 똑같아.
> 엄마는 엄마가 지금 이렇게 살 줄 알았어?
> 아님 내가 이렇게 살 줄 알았어? 선택과 선택의

> 반복이 다 망해서 우리가 여기까지 온 거야.
> 우리 더는 선택할 일은 하지 말자.
> 망하지 말고 아빠처럼 성실하게 다른 것으로
> 돈을 벌자 엄마. 우리 그러자.

> 그래그래. 아빠는 그렇게 벌고,
> 엄마는 한탕을 노려.

다음 날.

엄마는 장을 본다. 파란 것만 주워 골라 담고 파란 곳에 누워 두둥실 다시 파란 곳에 주저앉는다.

요즘 엄마는 자주 운다.

**어른과
어린이**

출판사에 소문이 났다. 비좁은 동네라 소문이 잘 나는 모양이다. 마감을 아주 잘한다고, 마감을 얼마나 빨리하고 손이 얼마나 빠른지 모른다고 그렇게 소문이 난 모양이다. 나는 그때마다 이렇게 이야기한다. 네, 마감 빠른 게 맞지만 좋지는 않아요. 불안해서 저는 늘 책상에 앉아요. 빌어먹을 이 책상에요.

나의 책상과 침대의 거리는 1초다. 그러나 침대로 다시 돌아가는 길은 취침 말고는 없다. 그러니까 취침 전까지 눈을 뜨는 동시에 나는 책상에 앉는 것이다. 언제부터 시작된 일인지는 알 수 없다. 그러나 이것만큼은 분명하다. 번아웃이 만든 초현실주의적인 이상 현상이라고.

내가 이렇게 확신하는 데는 몇 가지 명백한 이유가 있다.

나는 1년간 쉬어본 적이 있다. 하필 그때는 내가 김수영 문학상을 받았을 때고 그 문학상을 받고 났을 때 청탁은 쏟아졌다. 당시의 나는 글을 막 열심히 쓸 수 있는 사람이 아니었다. 그래서 육체적·정신적으로 괴로워 1월에 받은 청탁으로 모든 계절을 나누어 마감했다. 누군가는 오해가 분명 있었을 거다. '거절했다더니 다 하네?' 이렇게.
그 후에는 먹고살아야 하는데 시는 써지지 않아 산문을 쓰기 시작했다. 처음 산문 쓰기는 너무 어려웠다. 그러나 산문을 쓰면서 느낀 건데, 정말로 성장판이 열려 잠 못 이루듯 나는 밤새 미친 듯이 산문을 써 내려갔다. 산문은 시처럼 못해도 중간 이상으로 쓸 수 있었다. 고료도 시보다 높다. 쓰면서 괴롭지도 않다. 나는 말을 줄이거나 어떻게 '시'다울까를 고민하지 않아도 된다는 점에서 기뻤다. 쓰던 짬이 있으니 바이브도 있었다. 그 짬에서 나오는 바이브는 결국 나를 '산문가 이소호'로 만들었고, 그러면서 다시 시 쓰는 감각도 찾게 되었다.

그래, 나는 지금 물 들어올 때 노를 젓겠다고 저었다가 지금 몇 년째 이 노를 못 놓고 있는 것이다.

그러니까 이건 일개 작가의 이야기가 아니다.
인간으로서 기쁨이 아닌, 어떤 고통에 관한 이야기다.

아무튼 이렇다 보니 자연스럽게 마감이 빨라졌다. 나는 1년 넘게 일찍 마감을 하기도 하고 어떨 때는 다음 계절 마감 예약 메일을 전부 걸어두기도 한다. 나중에는 그걸 넘어서 "짧게 써드릴까요, 길게 써드릴까요" 물어볼 수 있는 여유도 생겼고, 이 산문을 쓰면서도 나는 시 54편을 완성했다. 당황한 것은 우선 나였고 두 번째는 출판사였다. 출판사는 모든 일정이 다 꼬이면서 내게 "선생님…… 저희는 아직 준비가 되지 않았는데요"라는 말을 하기도 했다. 나도 내 일정이 사실 꼬인 것이나 다름없다. 나는 솔직히 눕고 싶다. 지금도 이 글을 쓰면서 격렬하게 눕고 싶다. 그러나 누울 수 없다. 나는 목적지를 모르고 망망대해를 홀로 그대 노 저어 오는 은유의 인간이다. 은유를 써야만 먹고사는 그런 인간이다. 나는 노를 젓는다. 노를 저어 갈 곳을 모른다. 출판사에서 전화가 왔다.

> 선생님, 어디로 가시나요?
>> 편집자님, 저도 제가 어디로 가는지 모르겠어요.
>> 그런데 제게 좋은 생각이 났는데
>> 이걸 써도 될까요?

누구나 트라우마가 있다. 그건 나에게도 마찬가지다. 일이 없던 시절이 있었던 적이 있는 사람이라면 일이 있을 때 전혀 행복하지 않다. 오히려 그 반증으로 내게 다시 일이 사라지는 시기가 올지도 모른다고 생각한다. 그래서 나는 지금도 책상에 앉았다. 나의 노화 일기에 적을 글을 쓰는 내게 이게 왜 노화와 같냐고 물어볼 것 같다. 독자분들께 말씀드리자면 나의 이십 대는 전혀 그렇지 않았다. 하고 싶은 대로 하고 살았다. 지금은 하고 싶은 대로 하고 살 수 없다. 시간이 없다는 것을 알고 있기 때문이다. 시간이 없기 때문에 이 시간을 마음대로 놀린다는 것은 정말로 비효율적인 일이다. 한 자라도 더 써야 나는 돈을 번다. 택시비를 벌며 일상을 더 즐겁게 살아갈 수 있다. 아무튼. 무기력증으로 기인한 공포는 분명한 노화의 증거이며, 일을 열심히 하고 커리어를 가장 탄탄히 쌓아야 할 이 시기에 뭔가 해내서 증명해야 한다는 것을 곱씹는다는 것. 쉬고 싶을 때 마음대로 못 쉰다는 것. 책임져야 한다는 것. 이건 모두 내가 나이 들지 않았으면 하지 않을 행동들이다.

독자들은 질문한다.

| 왕성한 활동의 비결은 무언가요?
| 조증이랍니다. 여러분.
| 헤밍웨이와 고흐는 조울증이었어요.

> 조증일 때 미친 듯이 좋은 작품을 써서
> 부귀영화를 누리고 울증일 때 자살했죠.
> 아, 물론 고흐는 부귀영화도 누리지 못했어요.

농담 반 진심 반. 이 이야기는 어쩐지 내 이야기 같다.

아무튼 나는 오늘 책상에 앉았다. 책상에 앉으면 어떤 생각이 드냐고 엄마가 물었다. 나는 엄마에게 아무 생각도 들지 않는다고 솔직하게 말했다. 손가락이 움직이면, 그때 생각이 난다고 했다. 그냥 스케치 없이 쭉 써 내려가는 거친 그 글을 정말 좋아하기도 한다고, 어떤 사람들은 그렇다고 말했다.

> 우리 딸은 스케치도 없이 매일 글을 하루 종일 쓰니까,
> 그럼 천재야?

순수한 엄마의 질문을 망치고 싶지 않았다.
그래서 내가 천재라고 말했다.
그리고 천재가 아니라는 것을 들키지 않아서 너무 다행이라고 생각했다.
이번에도 들키지 않았다. 나에게도 가족에게도 독자들에게도 내가 천재가 아니라는 사실을.

오디션 프로그램에 나가면 "전문가 선생님 그리고 대중 평가를 받았는데 점수가 낮습니다! 이번 주 탈락자는 이.소.호!" 이렇게 말할 것 같다.
그래야 이다음 게임으로 넘어갈 수 있을 것 같다는 생각이 든다.

나는 오늘 이 글을 쓰면서 소망한다.
금지된 것을 소망하며 금지된 것을 갈망한다.
눕고 싶다. 누워서 세상에서 제일 재미있는 드라마들을 몰아보고 싶다. 오늘이 무슨 요일인지 알고 싶지도 않다.
일어나면 밥 먹고 자고 하는 이상한 삶을 평상시 삶으로 살아보고 싶다.

쉰다는 것은 그런 것이니까.
직장인 이소호는 그렇게 했다.
밤새 레고나 만들고, 눕고 떠들고 그랬다.

그러나 나는 그럴 수 없다.
무기력해도 일을 해야 하는 게 어른이다.
일을 해야만 먹고살 수 있는 게 어른이다.
어른이란 별것 아니다.
내가 나를 책임져야 하는 것이다.

기댈 그늘을 찾는 것보다 내가 더 빨리 잘되는 게 이 집안에 도움이 된다는 것을 깨닫는 게 어른이다. 어른이란 질문이 적어지는 것이 어른이다. '알아서 척척척 스스로 어린이'라는 동요의 말은 틀렸다. '알아서 척척척 스스로'는 어른만 할 수 있는 것이다. 어린이에게 과한 기대를 가진 동요 작사가에게 묻겠다. 어린 시절 얼마나 산타 할아버지의 마음에 들기 위해 울지 않았던가. 그깟 선물 하나를 받기 위해 감정을 통제당했지. '착한' 어린이가 되기 위해 우리는 얼마나 애썼던가. 어른은 말이지, 울어도 된다. 착하지 않아도 된다. 다만 책임만 지면 된다. 그거면 된다.

'알아서 척척척
스스로 어린이'라는
동요의 말은 틀렸다.
'알아서 척척척 스스로'는
어른만 할 수 있는 것이다.

'착한' 어린이가 되기 위해
우리는 얼마나 애썼던가.
어른은 말이지,
울어도 된다.
착하지 않아도 된다.
다만 책임만 지면 된다.
그거면 된다.

교훈을 주는 사람

얼마 전에 연재를 구하던 도중 까였다. 짝사랑하던 남자한테 까인 것보다 아팠다. 비보悲報를 전달하는 편집장님은 굉장히 조심스럽게 말씀하셨으나 결국 내가 노화에 전문적이지 못하고, 교훈을 주지 못한다는 것으로 까였다는 사실을 나는 눈치로 너무나도 잘 알아들었다. 그리고 앓아누웠다. 사실 나쁜 소식은 함께 온다고 그와 함께 5분도 안 되어 개인적으로 좋지 않은 소식이 내게 닥쳤고 정신을 차릴 수 없었다. 비유를 해보자면 원 펀치도 모자라 투 펀치에 쓰리 강냉이가 털린 나는 어이도 같이 털렸고 멘털도 털렸다. 그래서 잠시 자판에서 손을 놓고 쇼핑에 쇼핑을 매진했다. 매진하며 생각했다. 아, 내가 뭐가 모자라서. 뭐가 모자라지? 아니 생각해 보니 나는 모자라지 않다. 그런데 그럼 도대체 왜? 질문이 질문을 물고 돌아왔다. 그리고 다시 내게 물었다. 그러니까 내가 전문

적이지 않단 말이지? 이럴 거면 그냥 정신과, 정형외과, 내과 다 앉혀놓고 한 꼭지씩 글을 쓰라고 하면 될 것을 왜 나를 잠깐 들었다 놨을까. 그렇게 한탄했다. 자, 전문적이 아니라면 그럼 이유는 하나 더 있다. 교훈을 주는 사람이 아니었다는 건데 매번 교훈만 주면 그건 누가 읽나. 그렇지 않은가? 매번 모든 글마다 여러분 하지만 힘내세요! 늙고 있다는 건 자연스러운 거랍니다. 힘을 내세요! 죽고 있어요. 우리는!!!! 모두가 이해할 만한 꼭지로 꼭 마무리를 해야 한다니. 우리의 삶은 이토록 다른데. 그러니까 우리는 여러분 하나입니다!!!!! 이렇게 말을 꼭 하라는 건가? 처음과 끝을 같이 하여, 글을 주제만 달리 바꿔서 쓴다고 뭐가 달라질까. 나도 내 글을 읽지 않을 것 같다.

그런 쎄한 바람이 내 몸을 스치고 지나갔다.

어린 시절 이야기를 하나 해보자. 나는 영문 시를 싫어했다. 정확히 말하자면 고전 영문 시다. 미국에서 어학연수를 할 때 선생님께서 내게 "진, 너 시를 쓴다며? 내가 제일 좋아하는 시야. 어때?" 물어, 나는 최선을 다해 읽었다. 읽고 좋게 말할 수도 있었으나 나는 이렇게 말했다. "난 나를 가르치려 드는 게 싫어. 마지막에 왜 뭘 꼭 느껴야 해?" 그러자. 선생님은 그 생각은 해보지 못했다며 내 의견을 존중했다.

그랬기에 나도 신문사의 의견을 존중하며 더 막 나가기로 다짐했다. 나는 엉망의 삼십 대를 살고 있으며 이것을 고대로 떼어다가 다큐로 만들 작정이다. 때에 따라서는 부풀리거나 꺼트리기도 할 것이다. 컨펌 받을 일 없다. 감독, 대본, 주연 전부 나이기 때문이다. 연재할 곳을 잃으며 알았다. 일자리를 잃는다는 것. 그것도 내 능력 부족으로 잃는다는 것(물론 상대방 생각). 어쨌든 나는 솔직한 사람이기 때문에 좋은 말은 못하겠다. 아쉽다고 말했지만 미안. 하나도 아쉽지 않았다. 그냥 기분만 나빴다. 나는 덕분에 내 글에 대한 자유를 얻었고 그 글에 대한 확신이 있으므로. 신문사 사건은 내게 그냥 그런 것이다.

그럼 내게 다시 기회가 온다면 난 무엇의 전문가가 될 수 있을까. 그들이 원하는 아름다운 교훈은 죽어도 주기 싫으니 일단 전문가는 되어야 한다. 나는 주변 절친한 작가가 쓴 칼럼을 보며 정말 다들 잘 쓴다고 생각했다. 나와는 완전히 다른 결로. 다들 아는 것은 왜 이리 많은지 멋지다 생각했다. 나는 도통 내가 어떤 사람인지 모르겠다. 무엇을 가장 잘할까. 우습게도 나는 망하는 일을 제일 잘한다. 그래서 내 시도 다 망한 시인데, 그게 독자들 눈에는 잘 쓴 시가 된다. 역시 멀리서 보면 뭐든 아름답게 보이는 법이다.

당신은 그 망한 바운더리 안에 없으니 말이다.

그럼 내 방식대로 이제부터 삼십 대 노화의 진정한 교훈을 읊겠다.

듣거라.

삼십 대가 왜 망했는지 말해주고 싶다. 일단 물리적으로 정신적으로 성숙해진다. 나는 일단 나로서는 망하지 않는다. 근데 사회가 망했다. 사회가 날 보는 태도는 망할 대로 망가져 있다. 나는 가만히 있지만 사회는 나를 늙은 여자로 치부한다는 것이다. 내가 신체적 노화에 대해서 구구절절하게 썼지만 사실 제일 하고 싶은 말은 이것이다. 내가 쓸모가 없어질 것이라는 것. 노처녀라는 농담을 내게 던지면서도 본인의 수치를 전혀 알지 못하는 사람들과 부딪쳐야 한다는 것. 이제 여기서 무럭무럭 자라도 내가 뭔가 더 대단한 것이 되지 않을 것이라는 것. 일이나 가정 둘 중 하나의 선택이 왜 여성에게만 있는지 고민해야 한다는 것. 이것은 모두 삼십 대 여성에게만 일어나는 일이다. 이게 내가 여러분에게 줄 수 있는 최대의 교훈이다. 이 교훈은 낯설 수 있다. 모두가 '치얼 업 베이베' 하는 세상에 힘을 내려면 엄청난 에너지와 돈이 필요하다. 일단 봐라. 유튜브만 봐도 그들은 인터넷에서 뭔가를 들어 줄 때도 당당히 돈을 받아 간다. 합리적이다. 이 방식은 가족들에게 적용해야 한다고 생각한다. 유튜버보다 다섯 배는 넘게 받아야 한다. 컸다고 부끄러워하지 말고 당당하게 용돈을 요구하자. 제게 왜 시를 쓰냐고 돈도 안 되고 뭘 먹고사냐고 하셨죠? 시집은 내면서 시집은 언제 가냐고 물으셨죠? 취미생활이 너무 오래 갔구나, 같은 말은 가족끼리 선을 성큼성큼 넘는 것이기 때문에 우리는 그에 상응하는 돈을 꼭 받아야만 한다. 그러므로 가족 여러분, 돈을 주세요. 잔소리 10분에 5만 원을 겁니다. 10분에 5만 원 잔소리를 하시면 효도하는 마음으로 입 다물고 한 귀로 듣고 한 귀로 흘리겠습니다.

누군가 물었다.

| 바꿀 생각은 해보지 않으셨나요?

바꾸려면 많은 힘이 필요하다. 내가 신입생일 때는 (굳이 표현을 해보자면) 요즘 MZ세대에게서 유행하는 시대의 학생이었다. 오랜만에 나를 만난 선배는 내게 이런 말을 했다.

| 우리 소호도 크리스마스 케이크네 이제.

내가 막 스물네 살이 됐을 때였다. 그래서 나는 물었다.

| 그게 무슨 말이에요?
| 너 크리스마스 케이크는 알지.
| 네, 케이크는 알죠.
| 크리스마스 케이크가 24일에는 보지도 않고
| 막 팔려 나가잖아?
| 근데 25일이 되는 순간 떨이로 나오는 거야.
| 그게 여자 나이라는 거야.

지금 곱씹고 되짚어 보아도 '개빻은' 말을 좋아하던 선배한테 들었다. 그러나 나는 망한 사람만 좋아하고, 예술대는 위계가 있었기에 나는 아무 말도 하지 않았다. 뇌를 거치지 않은 순수한 면모에 나는 심지어 홀딱 믿고 괴로워했다. 그리고 나의 나이를 저주했다. 스물일곱 살이 되면 어떡하지? 스물아홉 살에는, 서른 살이 되면 어떡하지? 그때 내가 혼자면 어떡하지? 이놈의 대한민국은 연애를 안 하면 뭔가 문제가 있는 사람이 되어버린다. 시간이 없을 수도, 필요를 느끼지 못할 수도 있는 것인데 그들은 늘 그렇게 대했다.

그래도 지금은 시대가 바뀌었다. 서른이 훌쩍 넘어서 결혼하는 사람이나 비혼주의자들이 생기면서 꼭 여자들이 그렇게 살아야 하는 건 아니라는 것을 우리는 알게 되었다. 하지만 우리가 여기서 무슨 말을 하면, 감히! 여자가 아직도 감히 우리에게 반발을 하다니, 라며 페미니스트라고 괘씸하다고 싸잡아 욕을 퍼붓는다. 그러면서 자기는 페미니스트 상관없다고 연애를 시작한다. 속지 말아야 한다. 만남이 지속될수록 그가 얼마나 보수적인 가치관을 가지고 있는지 알게 된다. 그리고 그렇게 서로가 서로의 가치관을 간보다가 큰 싸움으로 번져 헤어지기 마련이다. 가뭄에 콩 나듯 좋은 사람이 있으면 만약 그런 사람이 있다면 그 사람은 이미 남의 남자다. 내가 여러분에게 해줄 수 있는 최고의 삼십 대 교훈은 이것이다.

한마디로 나는 괜찮은데 세상이 거지 같다는 거다.
나보다 내 나이 숫자를 열심히 세는 세상에 살고 있다는 것이 가장 큰 저주다.

쓰고 보니까 나보다 훨씬 더 교훈적인 사람은 이솝 우화 이후로 본 적이 없는 것 같은데 도대체 어떻게 이런 일이 내게 일어나게 된 것일까.
그냥 이 글을 쓰면서 느낀 것은 단 하나다.

내가 그동안 너무 얌전하고 어설프게 썼던 탓이다.
지금 이렇게 누군가에게 내 속을 다 토해내듯 말하는 게 진짜 나다.
진짜 느낀 것을 처음부터 쓸 것을 그랬다.
나는 아마도 나답지 않아서 까인 것 같다.

거짓말은 쉽게 들키게 되어 있다.

삼십 대가 왜 망했는지
말해주고 싶다.
나는 일단
나로서는 망하지 않는다.
근데 사회가 망했다.
사회가 날 보는 태도는
망할 대로 망가져 있다.
나는 가만히 있지만
사회는 나를 늙은 여자로
치부한다는 것이다.

애 없는 애기 엄마

그해는 내가 부자였다. 직업은 시인이었으나 엄마가 서울의 전세 아파트를 내 이름으로 넣어 '갑분' 세대주가 된 나는 덕분에 프리랜서로서 건강보험료를 무려 22만 원이나 내는 '부자 시인'이었다. 아무튼 내게 추억이 굉장히 많은 곳이다. 처음 다시 시를 써야 한다고 생각했던 2010년부터 2012년 초까지 살았고, 다시 같은 동에 층만 다른 곳으로, 몇 년 만에 작가가 되어 돌아온 것이다. 그러니까 나는 이십 대에 떠났다가 몇 년이 지나 서른이 넘어서야 그곳에 다시 돌아왔다. 그때보다 신축은 아니었으나 세상과 분위기는 많이 바뀐 상태였다. 우선 동네에 대해 짚고 넘어가 보고 싶다.

그 집은 당시 신축으로 어마어마한 존재감이 있었다. 걸어서 남구로 역이나 대림역까지 갈 수 있었던 더블 역세권이었고 유일하게 동포 타운이 덜 형성된 곳이었다. 그래서 한국 가게들도 많았고 조금만 틀어서 걸으면 구로디지털단지라는 초특급 번화가를 만날 수 있었다. 그래서 나는 그 아파트를 좋아했다. 당시 그 아파트의 시세는 1억 얼마였다. 우리 인생에 가장 큰 후회가 있다면 그때 그 아파트를 사지 않은 것이다. 왜냐하면 우리는 몇 년 후 전세로 무려 3억 3천에 들어갔기 때문이다. 그것도 빌어먹을 내 이름으로(지금은 6억이라 한다).

어쨌든 자취방을 최고급으로 얻게 된 나는 누가 봐도 부자였다. 아니, 내가 봐도 내 모습이 감당이 되지 않았다. 할머니 집에서 가져온 양주를 마셨고, 친구들을 자주 불러 파티를 했다. 집에 침대는 세 개였고 어디서든 누구든 재울 수 있었다. 게다가 내 방이 제일 컸다. 옷 방이 따로 있었고 책과 침대와 책상이 있는, 누가 봐도 작가다운 방이었다. 그러나 이 집의 문제는 이웃을 만나게 되면서 시작된다.

사실 아파트는 이웃끼리 인사를 하지는 않는다. 우리 집을 찾는 사람들은 좋은 말씀을 전하러 왔거나 가스 검침을 하는 아주머니들뿐이다. 아무튼 그들은 17평형 아파트에 미혼 여성이 살 거라는 모든 생각은 배제하고 있다고 생각했다. 그들은 늘 나를 이렇게 불렀다.

| 애기 엄마!

엘리베이터에서 내가 짐을 한 아름 안고 있자 도와주고 싶었던 어떤 할아버지는 웃으며 말했다.

| 애기 엄마는 몇 층까지 가?

몇 년 전 같은 아파트에서 자취할 때 나는 애기 엄마 취급을 받은 적이 없다. 다만 가끔 어떻게 여기서 살게 되었냐고 누군가 물었을 뿐 아무 일도 없었다. 그러나 지금은 다르다. 일단 나에게 남편이 존재하고 아이가 존재하는 엄마라고 생각한다. 그럼 나는 말한다.

| 저 애기 엄마 아닌데요?

애기 엄마가 아니라고 말하면 이야기는 이어진다. 대화는 이런 식이다. 여러분이 생각하는 상식의 수준과는 다소 거리가 있다. 미혼 여성에게 실수를 했다고 전혀 생각하지 못하는 일들이 일어난다.

| 죄송합니다.

이것은 굉장히 예의 있는 쪽에 속한다.
그러나 대부분은 실수를 저지른다.
인간이니까 실수를 저지른다고 하지만 조금 무례하다.
지금부터 내가 실제로 들은 예시를 나누어보겠다.

| 저 결혼 안 했는데요.
| 으이그, 어서 가야지!!
너나 잘하세요 말하고 싶다.

너나 잘해라.
결혼은 내가 알아서 선택해서 가겠다.
안 그래도 '배우자를 위한 기도' 하느라 우리 하나님도 피곤하시다.

하나님, 더 내려놔야 합니까?
통성 기도를 하며 내가 겨우 살아가고 있다. 그러나 하나님은 하나는 알고 둘은 모르시기에 하나님이다. 그렇다면 바로 다음에 적을 나쁜 말을 듣지는 않았을 것이다.

가장 예의 없는 말.
| 어머, 아직 신혼을 즐기는 중이시구나?
| 결혼했으면 곧 애기 엄마지.

위 예시와 같은 엉망진창의 이야기를 듣게 된다,
그러니까 그들은 내가 만약 불임이라면? 남편이 불임이라면? 우리가 아이를 가지기 위해 시험관 아기를 준비 중이라면? 난자에 주사를 꽂고 정자를 빼는 일을 하며 고통

스러워하고 있을 거라는 생각 그 자체가 없다. 그러니까 나는 이 동네에서 이 미니 아파트들이 모여 있는 이곳에서 무조건 애기 엄마다.

나는 오늘도 유모차 없이 유모차를 끄는 기분이 든다. 놀이터에는 코로나라며 마치 사람이 죽었을 때처럼 노란 띠들이 둘러쳐져 있다. 그 사이를 비집고 나는 벤치에 앉는다. 미니 아파트에는 제대로 된 벤치가 없다. 그냥 보도블록에 털썩 걸터앉아 인생이나 한탄해야 하는 것이다. 친구에게 전화를 건다.

> 야, 여기선 말이야. 난 애기 엄마야.
> 애가 없고 남편도 없는데 애기 엄마란 말이야.
> 같은 동에서 수없이 호명받았던
> 나의 아기들은 모두 어디로 갔을까.

얼마 전에 사주를 봤는데 내가 애가 들어서기 힘든 몸이라는 결과를 보았다. 잘 믿지는 않지만 어쨌든 사주팔자대로라면 애가 앞으로 없을 수도 있는데 내가 애기 엄마라니. 애기 엄마. 이름만 들어도 소름이 끼친다.

이마트 코너에 갔다.

이번에는 코로나 이전이다. 아주머니가 만두를 자르고 있었다. 만두를 잘라 나에게 시식을 권유하고 싶었던 것 같았다.

| 저기, 애기 엄마 이거 하나 먹어 봐.
이유식도 아니고 만두를 먹을 정도의 아이가 있어 보인다는 게 너무 충격이었다.

| 애들이 먹으면 엄청 좋아할 거야.
몇 살짜리 아이를 가진 엄마로 보는 걸까, 내가 그렇게 늙어 보이나?

| 저 결혼도 안 했어요.
화가 나 되받아치자 죄 없는 그녀는 그렇게 말했다.

| 아니, 나는 하도 이 동네에 애 엄마들이 많이 살아서
| 그런 거니까 미안해요.

사실 늙어 보이거나 이 동네에 사는 내 죄가 크다. 아니다. 삼십 대에 결혼을 하지 않은 내 죄가 조선 사회에서는 죄가 크다. 저기요, 보다는 다정하게 부르고 싶었던 그녀를 탓하고 싶지 않다. 그녀는 최선을 다해 다정하게 불렀다.

다만 내가 애가 없었을 뿐. 아니 애를 만들 남편조차 없었을 뿐.

안타깝다.
누구 하나 잘못한 사람이 없는데,
내가 거닌 거리마다 폐허다.

다시 한번 말하지만 나는 그 당시 17평 아파트에 사는 삼십 대 초반의 여자 어른이었다. 그리고 이 동네에는 이제 막 결혼을 하여 갓난아기를 키우는 집, 그리고 그 맞벌이 부부를 돕기 위해 온 노인 부부뿐이다. 어른들은 호기심이 많다. 호기심의 대상은 언제나 혼자 사는 나였고, 혼자 사는 나는 애가 없어서 자꾸 죄가 생겼다. 그때부터였던 것 같다. 결혼에 대해서 정말 진지하게 생각해 본 일이. 그리고 혼자 산다는 것에 대해서 진지하게 생각해 본 일이. 얼마 전에는 몇 명의 친구들이 결혼해 보았는지 손에 꼽아보았다. 친구들 중에 결혼한 친구도 둘, 아이가 있는 친구 역시 둘이었다. 그냥 나는 주변에 아무도 없어서 내 멋대로 자유롭게 살았던 것 같다.
이번에는 그 아파트보다 조금 큰 아파트에 살고 있다.
전에 살던 아파트에 비해 신혼부부가 훨씬 적은 아파트지만 나는 아직까지 그런 이야기를 듣는다.

신혼부부예요?

애기 엄마예요?

아이는 안 낳아요?

네. 저는 아직 아무것도 아니에요.

꼭 무엇이 되어야 하는 것은 아니잖아요.

전 아직 성장 중인데요.

연봉이 얼마예요?

살다 보면 제일 많이 듣는 말이다.

> 당신은 시인입니까?
> 작가입니까? 연봉은 얼마인가요?
> 먹고사는 것은 가능할까요?

세상에는 작가의 꿈을 가진 사람들이 정말 많다. 누가 작가의 꿈을 꾸게 하였는지 모르겠지만 우리 아버지도 얼마 전에 퇴직한 교사 친구의 집에서 6일간 머물면서 그 사람의 인생을 써보라고 했다. 내가 돈을 600만 원을 줘도 안 한다고 했던 일이다. 아마 그 선생은 녹취를 따고 내가 그 사람에 대해서 질문하고 뭔가를 해야 한다는 것은 전혀 생각하지 못한 것이다. 아버지는 그냥 내가 돈을 못 버는 작가니까 일을 물어다 준 것이라고 뿌듯해했던 기억이 난다. 그리고 그 옆에서 엄마가 했던 말도 똑똑히 기억이 난다.

> 여보, 우리 딸은 명예직이야.
> 돈이랑은 전혀 상관없는 일을 하고 있다고!

무슨 소리. 돈과 나는 상관있는 일을 하고 있다. 정말 예술가로 살고 싶다면 나는 시인으로 등단했으니까 시만 썼을 것이다. 그러나 나는 지금 그런 사람이 아니다. 먹고살기 위해 강의를 하고 산문을 쓴다. 지금 이 산문도 언젠가는 잘될지 모르는 대박 에세이를 꿈꾸며 쓰고 있다. 글을 써서 돈을 벌고 싶은 것. 이것이 나의 가장 큰 목표다. 일단 산문집은 독자층이 시집 독자층보다 넓고 광활하기 때문에 해보는 일이다. 뭐라도 하며 사는 것이다. 나는 '한 달살이'기 때문에 한 달 한 달 채워야 하는 카드값이 있다. 먹고 숨 쉬는 것에도 돈이 필요하다. 들숨에도 돈이 날숨에도 돈이 든다. 내가 노력을 안 해본 것은 아니다. 고고하게 앉아만 있었던 것은 아니다. 메일링도 해봤다. 잘 안 됐다. 그래도 먹고살기에 대안이 될 것 같아서 두 번째도 열어보았지만 잘되지 않았다. 새로운 플랫폼을 찾아 떠나야 할 때가 된 것 같다고 생각했다. 그래서 나는 지금도 찾고 있다. 어떻게 하면 돈을 더 잘 벌 수 있을까.

서류를 쓸 때마다 내가 가장 망설이는 구간은 연봉 칸이다. 글쎄요. 언제 기준으로 써야 하죠? 묻고 싶을 때가 한두 번이 아니다. 얼마를 기준으로 어떻게 써야 하는지 알려주시면 써볼게요. 이렇게 웃으며 말하면 직원은 그냥 멋쩍게 웃는다. 내가 그냥 프리랜서라고 썼으니 그냥 집에서 백수로 간간히 일이나 하면서 돈 버는 프리랜서라고 생각하는 것 같았다.

기왕 연봉 이야기가 나왔으니 솔직하게 적어보고자 한다.

내가 가장 연봉을 적게 받은 해는 회사를 그만두고 난 이후 48만 원이었다. 웃기지 않은가? 시 한 편 가격은 평균 7만 원에 아무도 나를 찾지 않았다고 생각하면 이것도 큰돈이다. 한때는 산문 청탁이 나를 먹여 살리기도 했다. 산문은 페이지당 주거나 원고지 몇 매를 정해주고 그만큼 쓰면 그만큼의 돈이 내게 들어왔다. 그래서 감사했다. 그것으로 겨우 살았다. 회사를 병행하지 않는 이유는 몸이 너무 좋지 않았기 때문이다. 글 쓸 시간이 전혀 없어서 다 망해가는 회사에서 시를 썼다. 그러니까 조그만 회사에서 일이 없는 틈을 타 글을 쓸 수밖에 없었다. 그게 아니고는 나는 아무것도 할 수 없었기 때문에 과감하게 나의 주 수입원이자 내 커리어에는 전혀 도움이 되지 않는 회사는 그만둬 버렸다. 그나마 김수영 문학상을 받고 난 후에는 사정이 많이 나아졌다. 그러나 나의 연봉은 어찌 되었든 회사 다니던 시절 몇 달 월급도 되지 않았고, 몸이 아파 강제로 강의를 그만두어야 했을 때는 정말 손에 꼽을 만큼 적었을 때도 있었다. 나의 최고 주 수입원이었던 강의를 하지 않았을 때는 정말로 몸이, 정신 건강이 굉장히 좋지 않았다. 아무튼 그때 깨달았다. 그 어떤 결 노동 없이는, 시 없이는 아무것도 벌 수 없음을 뼈저리게 느꼈다. 그래서였을까. 불쌍한 나를 위해 5월이면 나라에서 세금이 보너스처럼 돌아오기도 했다. 물론 상을 받고, 책을 내고, 내고, 또 내고 나서는 삶이 많이 나아졌다. 그럼에도 나는 여전히 직장인 친구와 많이 다르다. 예전에 친구에게 "나라에서 가장 가난한 직업군에 시인이 있다는 것을 너 알고 있니?"라고 물어본 적이 있다. 친구는 모른다고 했고 나는 1위는 시인이라고 말해줬다. 2위는 수녀라고. 그 기사는 나만 본 것이 아니었다. 부모님도 보셨다. 다음부터 그것은 우리 집의 놀림거리가 되었다. 나는 성직자보다 배부르지 못한 직업이라고.

아버지는 아직도 꿈을 잃지 않고 물어본다.

| 너는 이번 책은 대박이 날 것 같니?

언제 그래서 대박이 나서 돈을 벌 것 같니?
이번에는 감이 좋니? 어때 네가 생각하기에?
네가 쓴 글이잖아.

> 아빠, 이미 나온 내 책들이 되게 잘되고 있어요.
> 아버지 성에 차지 않을 뿐이죠.

강의를 나가도 같은 것을 묻는다.
'연봉은 얼마죠?' '뭘 먹고살죠?' '예술가는 원래 배고픈 직업인가요?'
'아니요. 배를 고프게 누가 만들었어요. 내가 설마 배가 고프고 싶어서 예술을 하겠어요?'라는 말은 꾹 닫는다. 그리고 답한다.

> 삼십 대 중반의 시인이 말하기에
> 조금 민망하지만,
> 아직도 집안의 도움을 받고 있습니다.

최대한 예의 있게 답했다.

소리치고 싶었다.
누가? 어느 누가 나의 연봉을 감히 물어본단 말인가. 이건 친구끼리도 예의가 아니다. 친구들은 날 많이 안타까워한다. 특히 직장 다니는 친구들은 더욱 그렇다. 그러면서 내 책은 한 권도 안 산다.

> 애들아, 정말 날 불우하고 불쌍하다 여긴다면
> 내 책을 돕는다 생각하고 많이 사서 다 뿌려라.
> 아이돌 팬들이 앨범 뿌리듯
> 한번 그렇게 해보렴. 그게 날 도와주는 거란다.

그렇게 말했다. 친구들은 알겠다고 하고 하나도 사지 않았다. 왜냐하면 아직도 내 책에 본인이 나온 것을 모르고 있기 때문이다.

어차피 이 책을 읽지 않을 친구들에게 전한다.

> 그래, 애들아 나는 너희들과 밥을 먹으려면
> 열 번 생각하고 밖에 나간단다.
> 우리는 이미 삶이 너무 다르잖니.
> 이렇게 열심히 사는데 왜 돈이 없어?
> 이렇게 물으면 나도 부아가 치밀어 오른단다.
> 그리고 연봉은 묻지 마.
> 연봉은 없어. 나에게.
> 용돈만이 있을 뿐이란다.
> 용돈은 내가 알려줄게.

> 한 달에 생명을 연장할 정도의
> 코딱지 같은 돈을 받아. 그 돈이 아니면
> 난 벌써 글쓰기를 포기했을 거야.
> 그것마저도 언제 끊길지 모르는 내 목줄이야.
> 나는 목줄을 엄마 아빠에게 쥐어져 태어났어.
> 호주에서 간간이 동생이 돈을 보내주고
> 나는 온 가족의 서포트를 받으면서
> 살아가고 있어. 그게 아니면 난
> 예술인 생활안정자금 대출을 받았겠지?
> 그런데 말이야.
> 예술인 생활안정자금 대출 또한 빚이지.

결혼은 어떻게 하고 내 삶은 누가 책임질 것이며 나는 글을 어떻게 쓰고 살 것이며 구구절절하게 이렇게 쓸 수밖에 없는 내 삶은 누가 책임질까. 평생 부모나 동생이 책임질 수는 없는 노릇이다. 그래서 나날이 갈수록 걱정이 많다. 나는 예금도 보험도 직장도 아무것도 제대로 된 것이 없다. 티끌 모아 티끌이라는 나의 불행론 때문에 막 써재낀 탓도 있겠지만, 제대로 된 사회 구성원이 될 수 없는 예술가인 나를 누가 사랑할까. 정말 자주 고민한다. 누가 나를 이해할까. 뭘 벌어도 용돈벌이밖에 되지 않는다고 구박받을 텐데, 요즘은 맞벌이를 다들 원하고, 과연 나는 정말로 인간 대접을 받을 수 있을까?

예술가였던 엄마를 보고 자란 나는 늘 그런 생각을 멈출 수 없다.
몸을 쓰는 일을 하는 엄마가 연년생으로 딸 둘을 부산에서 낳아버리고는 동네 사람들에게 딸만 둘 낳은 '딸딸이 집안'이라며 인간 대접을 받지 못했다고 했다.
연년생이었기 때문에 산후조리도 제대로 못 했고 몸은 망가졌다. 엄마에게 남은 것은 나와 동생과 일하느라 바빴던 남편과 유연함만 남은 몸뿐이었다. 다른 것은 아무것도 없고, 우리가 걷고 말하고 배우자 그나마 연극판에 다시 뛰어들었으나 동네 사람들의 눈치가 보여 연극조차 제대로 할 수 없었던 엄마였다.

그러므로 그나마 인간이 되려면 나는 엄마가 되어서는 더더욱 안 된다.

예술을 하고 있지만 예술가 대접은 받고 싶지 않다.
인간 대접을 받고 싶다.
인간 대접은 간단하다.
묻지 말아라. 내 연봉이 얼마냐고.
회사 내부에서도 직원끼리도 비밀 서약서를 쓰는 마당에

무례하게 묻지 마라.

돈이 아무리 적어도 나는 프로 의식을 가지고 글을 쓰고 있다.

여리게 여리게

점점 여리게

얼마 전 〈스트릿 우먼 파이터〉를 보다가 내가 매회 단 한 번도 울지 않은 적이 없다는 사실을 알았다. 지나가다가도 마주쳐 본 적 없을 것 같은 댄서 허니제이와 리헤이의 포옹은 정말 많은 게 담겨 있었다. 저렇게 안고, 청출어람이 된 후배를 보면서 스스로 '독단적인 부분이 있었다'고 말했던 허니제이도 변해가고 있고 아무튼 그 모습은 나의 눈물 버튼이 되었다. 유튜브 알고리즘으로 허니제이와 리헤이는 계속 떴고 볼 때마다 나는 스킵 하지 않고 계속 보고 울었다. 뿐만이 아니다. 나는 올림픽에서 선수들이 매달을 딸 때, 선수는 안 울어도 내가 운다. 선수가 울면 같이 더 많이 운다. 우리는 저 멀리 있지만 4년 동안 고생을 했다는 것이 어떤 기분인지 알기에 반짝, 하고 이름이 알려지는 그 순간을 너무 잘 알기에 나는 올림픽은 종목마다 울었다. 덕분에 그 기간에 나의 눈은 늘 붉은 상태였다.

앞의 이야기를 듣고 사람들은 도저히 믿지 않겠지만, 사실 나는 눈물이 없는 편이었다. 친구들이 나만 생일 초대를 하지 않았을 때도 걸상을 발로 툭툭 차며 괴롭힐 때도 네가 싸움을 못해서 애들이 만만하게 보는 거라고 인간 샌드백으로 만들어서 쳐볼 테니 참으라는 말을 들었을 때도 나는 울지 않았다. 간혹 너무 울고 싶으면 몰래 바닷가에서 울고 왔다. 엄마에게 들킨다는 것은 너무나도 자존심 상하는 일이었으므로 내겐 선택의 자유가 없었다. 아무튼 눈물이 없던 나는 모두가 〈벌새〉를 보고 펑펑 울었다고 했지만, 난 울지 않았다. 담담하게 일상을 그려낸 것은 좋았지만 눈물을 흘릴 정도는 아니었다. 영화 〈우리들〉도 마찬가지다. 어린 시절의 누군가 겪었을 법한 일이라고 해서 봤는데 정말 보는 내내 공황을 겪었다. 나쁜 사람들. 누가 이렇게 하이퍼리얼리즘으로 왕따를 보여주래. 이렇게 생각했다. 그래서 영화를 1.5배속으로 봤다. 수업 자료로 내가 정했기 때문에 어쩔 수 없었다. 소문만 익히 들었지 이렇게 끔찍한 현실일 줄이야. 아무튼 그럼에도 나는 울지 않았다. 나와 너무 닮은 선이를 보아도 울지 않았다. 나는 그 긴 터널을 빠져나온 사람이기 때문이다. 눈물은 아직도 터널을 헤매고 있는 그 사람들이 운다. 그렇기 때문에 나는 점점 나의 일보단 남의 일에 운다. 나의 일은 이제 점점 시들시들하다. 장례식장을 제외한 모든 곳에서 울음을 삼키는 나는 이제 모든 감각에 둔해져 버린 것이 틀림없다.

누군가 시인은 예민한 존재라고 한다. 예민하다는 말 대신 조금 뾰족하다는 말을 쓰고 싶다. 우리는 뾰족하지 않으면 작가가 될 수 없다. 모든 일에 격렬하게 반응하지 않으면 아무것도 쓸 수 없다. 그래서 내가 가장 쓰기 힘들었던 글은 〈벌새〉였다. 아무것도 쓸 수가 없었다. 그래서 벌새에서 대칭되는 우리 집 구조를 쓰는 것이 내 최선이었다.

외로워도 슬퍼도 나는 안 울어.

10년째 내 컬러링이다.
슬퍼도 나는 울지 않는다.
외로워도 울지 않는다.

그러나 텔레비전의 억지 감동 서사 신파에는 그렇게 눈물을 많이 흘린다. 오디션이라도 보는 날에는 눈물이 마를 날이 없다. 과거 〈슈퍼스타K4〉에 딕펑스가 나왔을 때 그들이 밴드로서 탄탄하게 성장해가는 과정을 보면서는 정말 눈물이 가득 고였다. 내가 그들의 손가락 한 마디 악기에 한 번 짚어준 적도 없는데 어미의 마음으로 그들의 성장을 지켰다. 문자 투표까지 최선을 다했다.

〈조선판스타〉는 보면서 너무 울어서 3회에서 하차했다. 가사를 써왔는데 수궁가도 이것저것 다 좋았지만 소리꾼이 자신의 가사를 가지고 와서 비트에 랩하듯 말하는 것은 정말 너무 슬펐다. 소리꾼이 이렇게 많고 이렇게 힘이 드는 일을 하는구나. 이것을 시인에 대입시켜 보았다. 돈을 못 벌어서 그만둘 뻔했어요. 우리는 상만 많아요, 같은 자잘한 말들이 시인과 다를 게 뭔가 생각이 든다. 외국에서 상을 받아오지 않으면 아무도 모르는 세계. 내가 몇 권의 책을 냈는지는 궁금해하지 않고 이 이야기들이 전부 진짜인지 가짜인지만 궁금해하는 세계. 나는 그런 세계에 살고 있다.

그래서일까. 나는 글 쓰는 자의 숙명은 받아들였지만 아직 나와 비슷한 어떤 다른 예술계 사람들의 이야기는 받아들이지 못하는 듯하다. 그래서 나도 모르게 계속 감정이입하는 것 같다. 늘 어려운 길을 가는 〈스트릿 우먼 파이터〉의 모니카. 여성 인권 선언문이 하나의 춤이 되었을 때 말을 하고 싶어서 춤을 추기 시작했다는 말이, 너무 아름다웠다. 엄밀히 따지면 나도 말이 하고 싶어서 시를 썼기 때문이다. 다만 모니카와 내가 다른 점은 모니카는 춤을 출 때 행복하다는 것이고 나는 점점 불행하다는 것이다. 그러나 "받아들이기까지 시간이 좀 더 필요하잖아"라고 댄서 드래그퀸을 응원했을 때 나는 알았다. 그녀는 다른 것도 다할 줄 안다. 하지만 하지 않았다. 대신 메시지를 선택했다. 그리고 멋지게 집에 가지 않았다. "있던 곳"으로 돌아갔다.

여기는 조그마한 문학판이고, 나 역시 말을 하기 위해 이곳에 들어왔다. 말을 하다 보니 나중에는 완벽하게 새로 하고 싶은 말을 찾고, 그것은 새로운 시집이 된다. 그러니까 나는 '화두' 없이는 한 줄도 쓸 수 없는 사람이다. 나는 내가 그냥 나이가 차는 지혜의 노인이 되는 것을 원치 않는다. 감각만큼은 뾰족하고 젊었으면 좋겠다. 지금으로부터 30년 뒤에도 말이다. 나는 이제 등단 9년 차, 곧 두 자릿수를 찍겠지. 그 시간 동안 나는 하고 싶은 말이 많아 시인이 됐고 덕분에 산문도 썼다. 말 많은 이소호는 나의 이야기에는 울지 않는다. 뭔가를 쓰고 울어본 적은 없다. 다만 텔레비전에서 나와 닮은 사람을 찾아내거나, 나와 비슷한 서사를 보면 거울을 보는 기분이 든다. 그래서 나는 매번 텔레비전을 거울삼아 보고 있는 것이다. 눈물샘은 툭하면 터지고 반대로 나는 점점 강해진다. 속도는 느리게, 그리고 호흡은 점점 여리게 여리게.

세상 모든 사람의 한구석은 언제나 나와 닮아 있다.
그래서 오늘도 나는 눈물을 멈출 수 없다.

눈물샘은 툭하면 터지고
반대로 나는 점점 강해진다.
속도는 느리게, 그리고 호흡은
점점 여리게 여리게.

세상 모든 사람의 한구석은
언제나 나와 닮아 있다.
그래서 오늘도 나는
눈물을 멈출 수 없다.

**키오스크 앞에서
우리는**

그는 참 좋은 프린터였다. 산문집 한 권에 시집을 두 권이나 낼 때까지 버티다가 깨끗하게 전사했다. 그 프린터는 버릴 수가 없었다. 모든 일을 다 해냈다는 애잔함이 느껴져서일까? 그래서 지금도 마치 인테리어처럼 내 옆을 지키고 있다. 이제 아무런 쓸모도 없지만 오렌지 빛을 반짝이며 구조 신호를 보내고 있다. 프린터가 사망하고 나서 내가 대안으로 마련한 것은 아이패드였다. 파지를 줄일 수도 있고, 퇴고하기에도 더없이 좋았다. 그러나 마침 아이패드로 해결할 수 없는, 당장 건네야 할 출력물이 필요했다. 그래서 15년 만에 PC방에 갔다.

평일 낮이라 그런지 동네 PC방에는 나와 사장님 둘뿐, 손님이 아무도 없었다.

| 사장님, 저 프린트하고 싶은데
| 어느 자리에서 하면 되나요?

과거에는 프린트를 하려면 지정석이 있었다.
그러나 사장님은 무심하게 말했다.

| 아무 데나 앉으세요. 다 돼요.

사장님 말대로 아무 데나 앉긴 했는데 한동안 컴퓨터도 켜지 못했다. 전원 버튼을 눌렀지만 온갖 게임 광고만 나올 뿐 윈도 바탕 화면을 볼 수가 없었다. 너무 답답했다. 나는 다시 부끄러움을 무릅쓰고 사장님에게 갔다.

| 사장님, 윈도가 안 나와요.
| 비회원 로그인을 했는데도 안 돼요.

사장님은 인상을 찌푸리며 대꾸했다.

| 저기서 결제하고 쓰세요.

그 PC방은 게임 몰입형 PC방이었으므로 어두침침한 것이 미덕인 곳이었다. 그래서 어디에 뭐가 있는지 보이지도 않았다. 사장님이 말한 '저기'가 어디일까, 대체 어디서 결제하라는 것인지 가늠할 수가 없었다. PC방 안을 한참 방황했다. 사장님은 손님이 나밖에 없는데도 도와줄 생각이 없어 보였다. 집에 가고 싶은 생각이 굴뚝같았지만 반드시 프린트를 해야 할 일이라 바닥난 인내심을 그러모은

후 사장님에게 다가갔다.

│ 사장님, 정말정말 죄송한데요.
│ 기계가 어디에 있나요?

사장님은 정말정말정말 귀찮다는 듯이, 이걸 왜 모르냐는 듯이 나를 키오스크 앞으로 데려갔다.

│ 손님, 여기 이렇게 떡 하니 기계가 있는데
│ 안 보였어요?

│ 아, 네. 죄송합니다.

우여곡절 끝에 선 키오스크 앞에서도 너무 혼란스러웠다. 이곳은 맛집인가, PC방인가. 시간부터 음료 주문까지 사람이 전혀 뭔가를 하지 않아도 시키면 뭐든 알아서 다 되는, 4차 산업 대탐험을 하는 기분이었다.

내가 마지막으로 기억하는 PC방은 이렇게 생기지 않았다. 내 기억 속의 그곳은 요금이 선불이었다. 후불도 있긴 있었다. 게다가 뭔가를 PC방에서 시켜 먹는다는 것 자체가 이해되지 않았다. 키보드도 이상했다. 오색찬란한 불빛이 눈이 따가울 지경이었다. 키보드에 손을 가져다 대면 그 부분이 더 반짝반짝 빛났다. 나는 마음을 가다듬고 다시 도전했다. 일단 비회원 결제하기를 누르고 가격을 신용카드로 지불하고 나서부터는 할 만했다. 그런데

2013년 이후로 단 한 차례도 써보지 못한 윈도는 더 혼란스러웠다. 예전에 초등학교 때부터 윈도를 썼는데 그새 업그레이드됐다고 다 까먹다니 조금 이상했다. 아무튼 나는 usb를 넣고 서류를 뽑았다. 프린트가 다 됐다는 사장님 말이 없기에, 나는 프린트가 되지 않은 줄 알고 석 장이나 더 뽑았다.

어쩐지 화가 난 것 같아 보이는 사장님께 나는 다시 말을 걸었다.

| 사장님, 프린트가 다 나왔나요?
| 네, 한 장당 200원이에요. 계산하세요.

서류를 한 아름 안고 나오는 길에 뭔가 굉장히 굴욕적인 하루였다는 생각이 들었다. 바뀐 세상에 잠시 파고들었을 뿐인데, 어째서 알려주지 않고 무시를 하는 걸까. 집으로 돌아오는 내내 키오스크 앞에서 사장님이 나무라듯 면박 주던 표정과 말투가 머릿속에서 사라지지 않았다.

이것도 몰라요?

누가 자꾸 이렇게 묻는 것 같았다.

사람의 쓸모가 점점 사라지는 이 시국,
코로나 시대로 들어선 지 어언 2년.
가게마다 무인 주문 기계인 키오스크가 늘어가고 있다.
키오스크 없이는 간단한 주문도 불가능한 곳이 많아졌다.
그러니까 키오스크 사용법은 우리가 꼭 배워야만 한다.

며칠 뒤 나는 나처럼 밖에 나갔다가 언젠가 당황할 엄마를 카페에 데려가 키오스크 사용법을 알려주었다. 원래 굴욕적으로 뭔가를 배우면 금방 깨닫게 된다. 그렇지만 엄마는 그런 기분을 느끼지 않았으면 했다.

엄마와 키오스크 앞에 서서 원하는 커피를 주문하고 결제하는 방법까지 찬찬히 알려드리고 주문한 커피를 픽업하는 것도 가르쳐드렸다.

> 엄마, 엄마가 여기서 커피를 한번 주문해 봐.
> 우리는 아이스 아메리카노를 마실 거야.
> 그럼 음료 버튼을 이렇게 누르고
> 종류를 보고 아메리카노를 누르고
> 여기서 아이스를 선택해야 해.
> 그 선택이 끝나면 어떤 컵으로 받을 것인지
> 정해야 해. 일회용 용기에 받으려면

> 그걸 누르고, 추가하고 싶은 시럽이나
> 샷 같은 것도 여기 밑에서 선택할 수 있어.
> 그다음에는 계산 방법을 누르는 거야.
> 자, 엄마는 카드 결제지? 그럼 여기서
> 신용카드 선택하고 카드 넣고 영수증 받으면 끝!
> 이제 엄마 번호를 부르면 그걸 가져오면 돼.
> 쉽지?

엄마는 커피 하나를 겨우 받은 뒤에야 입을 열었다.

> 뭐가 이렇게 어렵냐. 그냥 직원한테
> 아이스 아메리카노 주세요,
> 하면 되는데.

엄마 말이 맞다. 사람한테 말하는 것이 제일 편하고 쉽고 안심이 된다. 음식 주문만큼은 나도 키오스크나 어플을 제법 능숙하게 다룰 줄 알지만 그런데도 깜빡 실수하는 경우가 있다. 나도 가끔 이런데, 엄마는 얼마나 난감할까?

키오스크를 보며 사람이 할 수 있는 일과 할 수 없는 일을 생각해 본다. 전염병이 심각해지면서 마음의 준비도 없이 닥친 4차 산업 혁명이 삶에 밀접하게 들어와 어느

새 큰 영향을 끼치고 있다. 미국에서 유행이라는 무인 마켓처럼 우리 주변에도 언제부턴가 무인 아이스크림 가게가 우후죽순으로 생겼지만 한 번도 가본 적이 없다. 그러나 더는 외면할 수 없다. 인건비를 합리적으로 줄인 사장님들이 키오스크를 없애고 사람을 뽑을 리가 없기 때문이다.

구성원들이 함께 일하고 같이 사는 것이 목표인 현대 사회에서 사람이 할 일이 갈수록 사라진다는 게 굉장한 아이러니처럼 느껴진다. 얼마 전에 4차 산업에 전망 없는 직업 리스트가 언론에 보도된 적이 있었다. 기사에는 여러 분야에서 기계가 사람을 대신할 것이라고, 그래서 사람의 역할은 점점 줄어들 것이라 분석하고 있었다. 그렇다면 지금 어린이들에게는 어떤 직업을 선택하라고 할 수 있을까. 만약 교사 역할도 기계가 대신할 수 있다면 아이들에게 교사는 전망이 없으니 꿈도 꾸지 말라고 말할 수밖에 없다.

그러나 나는 사람 냄새가 나는 일이 조금 더 생겼으면 좋겠다. 전에 알파고를 이긴 이세돌을 보며 '아직 사람이 할 수 있는 일이 많구나. 사람이 아니면 안 되는 일이 있구나'라고 생각하며 모두 환호하지 않았는가? 다행히 나는 지금 사람만이 할 수 있는 일을 한다. 요즘 인공지능이 소설도 쓰고 시도 쓴다고 하지만, 아직 멀었다. 사람의 마음을 두드리는 일은 어렵다. 그리고 세상에는 너무나 좋은 작가가 많다. 조금만 고개를 돌려주길 바란다.

사람은 모두 거기에 있다.

알고 싶지 않은

것들

나는 더 이상 알고 싶지 않다. 공과금이 얼마인지, 연애를 하면 돈이 얼마나 드는지, 서울의 집값은 왜 천정부지로 치솟는지, 뛰고 달리고 넘어지고 있는 국회의원들은 왜 갑자기 시장에 나서서 우리 손을 꼭 부여잡는지를. 결혼 정보 회사에서 나는 몇 등급인지, 내 피부 탄력이 나이에 걸맞게 처졌는지, 내 직업이 직업 시장에서 직업이라 불리는지 아닌지를 나는 알고 싶지 않다. 휴대폰의 중고 가격, 사람 사이에도 계급이 있다는 사실, 슬픔 코드가 아니라 웃음 코드가 맞는 사람을 찾아야 한다는 사실, 우리 집이 가난했다는 사실, 모아둔 재산이 없어 빚잔치가 연속이었다는 사실, 내가 기죽는 게 싫어 엄마가 최선을 다해서 어떻게든 해줬다는 사실, 그렇기 때문에 내 미래에 엄마는 일조하며 너 하나 잘 키워서 정말 다행이라는 거짓말을 듣기지 않고 싶다. 나는 알고 싶지 않다, 정말로. 동화 속 공주님들처럼 해피엔딩은 사랑이라는 이름으로 쉽게 끝났으면 좋겠다. 그런데 그 사랑은 이상하게도 기적이다. 기적이니까 동화나 만화 영화는 우리의 꿈과 희망이었다는 사실을 이제야 알았다. 먹고사는 문제든 아이를 양육하는 문제든 서로 너무 다른 두 사람이 함께 살면서 평생 동안 맞춰가지만 절대로 맞춰지지 않는다는 것을 나는 그만 알고 말았다. 그러고 나니 인생이 너무 재미없어졌다. 알지 않았다면, 절대로 알지 않았다면 어쩌면 이 세계를 모험이라고 믿었을지도 모른다. 그러나 나에게 모험은 존재하지 않는다. 한때 나는 연필을 칼처럼 뾰족하게 깎아 잔 다르크처럼 행진했다. 나는 마녀였고 성녀였으며 불타는 상징이었다. 그러나 나는 사실 집 안에서 엄마가 컴퓨터 책상에 사식처럼 가져다주는 밥이나 먹으며 흰 종이를 무엇으로 채울까 고민하는 여린 인간에 불과하다. 더는 살찌지 않는 방법은 뭐가 있을까 고민하며 탄수화물을 덜어내고 또 덜어내다가 걱정이 가시지 않으면 일부러 몸에 딱 붙는 옷을 입기도 한다. 그렇게 입고 있으면 배가 덜 고프다. 속세의 맛을 잊어야 한다. 그렇지 않으면 누군가가 내게 말할 것이다. 나잇살이 들었구나. 그냥 살이 찐 건데도 나잇살이 들었다고 하겠지. 내가 "허허, 아니에요"라고 해도 "아니긴 뭐가 아니야, 너 서른 중반이잖아." 이런 말이나 듣겠지.

한편, 고민이 있는 동생들의 전화를 받을 때마다 생각한다. 동생들은 내게 여러 질문을 하는데 그럴 때 나는 랍비가 되어야 한다. 꼰대와 랍비는 한 끗 차이다. 그 사실을 절대로 잊어서는 안 된다. 질문하는 동생의 의중을 짐작해 황희 정승처럼 "네 말이 옳다, 네 말도 옳고. 하지만 이것이 어떠하겠니." 이렇게 말해야 하는 것이다. 황희 정승은 사직이라도 했지. 나는 사직도 못 하고 고민을 계속 들어줘야 하는 랍비의 삶을 산다. 세종대왕은 늙은 정승의 꼰대 같은 말이 아니라 조언이 필요했던 것이다. 나도 동생들과 잘 지내려면 꼰대처럼 굴어서는 절대로 안 된다. 그것을 조금 늦게 알았다. 그래서 난 늘 꼰대였지. 그걸 차라리 눈치 없는 백치라 몰랐다면 좋았을 텐데.

날이 밝고 아침이 와도 나는 잘 일어나지 못한다. 하루가 길다. 그 사이에 뭘 하겠나. 일이나 한다. 일을 한다는 것은 곧 글을 쓴다는 것을 뜻한다. 불행인지 다행인지 나는 손이 빠르다. 과거 직장을 다닐 때 손이 빠르지 않으면 퇴근이 늦어졌다. 퇴근이 늦어진다는 것은 인간 이소호의 삶을 잃고 소처럼 일만 하다 직장인 이소호로 생을 마감한다는 것과 같은 말이다. 그래서일까, 남들보다 짧게 자고 아무도 만나지 않는 나는 마감을 1년은 일찍 한다. 계약서에 명시되어 있지도 않은 마감을 치는 것이다. 마감을 치고 출판사에 전화를 한다.

> 안녕하세요.
> 제가 그만 글을 미리 써버렸는데요…….

> 네? 선생님 벌써 다 쓰셨어요?

그럼 출판사는 1년 일정이 꼬인다. 이것은 순전히 내 성격 때문이다. 나는 쌓여 있는 계약서를 볼 수 있는 눈이 없다. 계약서가 쌓여 있으면 그 계약서에 빛나는 사명감을 가지고 하나를 끝내고 하나를 쓰는 몸을 가졌다. 말하자면 나는 아무에게도 빚지지 않았는데 빚 갚는 심정으로 글을 쓰는 것이다.

그래서 내 글이 처절한가?

어쨌든 나는 알고 싶지 않다. 가장 알고 싶지 않은 것은 '나'이다. 가장 생경하고 가장 어렵고 가장 불편한 '나'를 마주하고 싶지 않다.

스무 살 때는 이런 생각을 해본 적이 없다. 아니 불과 작년까지도 이런 생각을 하지 않았다. 언제부터 내가 나를 돌아보게 되었는지 모르겠다. 모두가 어떤 터닝 포인트가 있을 것이다. 그것은 서른세 살도, 스무 살도, 서른다섯 살도 있을 것이다. 나에게는 벌써 세 번의 터닝 포인트가 있었다. 스물일곱 살에 진정한 시인이 되어야겠다고 마음먹었다. 서른 살에 김수영 문학상을 받았다. 서른다섯 살에 갑자기 잊고 있던 현실이 삶으로 다가오기 시작했다. 지금까지 달려온 것이 개인적 성취 때문이었다고 한다면 이번에는 달랐다. 생존을 위한 고민을 하기 시작한 것이다. 나는 앞으로 적어도 일흔 살 이상까지는 생존할 가능성이 크다. 그리고 생존을 위해 가장 필요한 것은 돈이다. 돈이 있어야 나도, 건강도 지킨다. 가족도 지키고, 나라도 지키고, 집도 지키고, 다 지킨다. 그러나 시인인 나는 아무리 뼈 빠지게 글을 써도 돈이 없다. 없을 수밖에……. 우리는 직업군에도 없는데. 누군가 작가, 소설가처럼 뒤에 '가'가 붙는 것은 직업이라 할 수 있지만 '시인'은 인간 그 자체라 돈을 벌 수 있는 직업이 될 수 없다고 했다.

나는 시인이다. 서른다섯이고 부자인 줄 알았지만 알고 보니까 별로 부자까지는 아닌 집안에서 태어났다는 사실을 알았다. 엄마 아빠가 살아 있을 때는 괜찮지만 그 이후의 내 삶은 어떻게 될까?

시인은 직업을 가져야 한다.
그래야 생존할 수 있다.
그걸 가장 알고 싶지 않았다.

어쨌든 나는 알고 싶지 않다.
가장 알고 싶지 않은 것은
'나'이다.

가장 생경하고
가장 어렵고
가장 불편한 '나'를
마주하고 싶지 않다.

내려놓으라는 말이 제일 화나

요즘은 마음을 치유하는 것이 유행이다. 힐링이라는 단어가 낡았다면 대체할 말 또한 참 많다. 그래서 우리는 나의 마음을 어루만질 핑계로 여러 가지를 찾는다. 누군가는 쇼핑을 하고 누군가는 명상을 하며 누군가는 운동에 빠진다. 나는 이 모든 것을 다 해본 사람이다.

내가 이십 대 때는 젊음이 제일 좋은 거라며 젊을 때 뭐든 도전해 보라고 부추기는 사람들이 많았다. 세상은 N포 세대라고 불렀지만 여기서 더 포기하면 죽기밖에 더 할 게 없기 때문이었을까. 자꾸만 뭐를 하라고 시켰다. 그래서 되지도 않는 자금을 전부 내 문학 인생에 쏟았다. 잘한 일이었을까? 딱 서른에 큰 문학상을 받은 나의 이십 대는 그야말로 문학 그 자체였다는 상징처럼 느껴졌다. 이십 대 중반에 찾아온 문학이라는 꿈을 다시 잡을 수 있었던 것도 내가 이십 대였기에 가능한 일이었다. 물론 그때는 별로 다양한 일이 없었다. 그냥 열심히 쓸 뿐이었고 기술도 없었다. 무식하게 학교에서 배운 대로 쓰고 투고하고 쓰고 투고하는 루틴을 일삼았다.

이 일은 행운일까, 불행일까.

아무튼 서른에 첫 책을 얻게 된 나는 시인으로 많은 주목을 받았다. 어느 정도였냐면 이렇게 좋은 일이 있는 게 좋은 일이라는 것을 모를 정도였고, 감사함을 잘 몰랐다. 신간을 내면 온라인 서점에 당연히 올라간다고 생각할 만큼 물정에 무지했던 나는 그 모든 일을 있는 그대로 기뻐하지 못했다.

시간을 훌쩍 뛰어넘어 올해로 와보겠다. 사람들은 묻는다.

| 너 부자 아냐? 책 많이 팔았잖아?

나는 운이 좋았기에 단행본, 그중에서도 시집을 참 잘 팔았다. 단행본 중 하나는 미국에 번역되기도 했다. 그러나 아이러니하게도 나는 책이 나오면 자꾸 가난해졌다. 태생적으로 뭐든 퍼주길 좋아하는 나는, 책을 조금이라도

더 팔아보기 위해 과거 광고 회사에 다니던 마케터의 마음으로 스티커를 제작했고 이것저것 일을 꾸몄다. 그리고 책이 나오면 늘 책보다 뭔가를 더 줬다. 그 탓에 손해가 나기도 했다. 일은 자꾸 손해를 일으키는 법이다. 가만히만 있어도 돈이 나가는데 나는 내 책을 팔기 위해 고군분투했다. 멋지게 마케팅을 하고 싶었고 출판사가 이런 노력을 알아주길 원했다. 그래서 최선을 다했다. 그러나 어떤 마케팅을 해도 실패로 끝났다. 내가 알게 된 것은 단 하나였다. 사람들이 책을 읽지 않는다는 것. 내가 경쟁해야 할 상대는 같은 순위에 놓인 시집이 아니라 미디어라는 것.

얼마 전 사흘이 왜 4일이 아니냐는 사람들의 분노로 온라인 커뮤니티가 시끌시끌했던 일이 있었다. 사람들은 단어를 잘 모른다. 긴 글은 더 안 읽는다. 호흡이 긴 나는 글을 짧게 짧게 쓰려고 의도적으로 애쓴다. 그렇게 써야 한다고 출판사에서도 압박을 준다.

> 사람들은요. 요즘 너무 바빠요.
> 글자를 읽을 시간이 없다고요.
> 그러니까 뚱뚱한 책은 부담스러울 수밖에 없죠.
> 작가님이 짧게, 얇게 쓰셔야 하는 이유예요.

이렇게 말한다. 그래, 맞다. 사람들은 책이 두꺼우면 일단 시간을 많이 쏟아야 한다는 사실을 알기 때문에 읽지 않는다. 손에 잡아 펼쳐보지도 않는다. 잡히지도 않는데 구매까지 이어지는 것은 있을 수 없는 일이다. OTT나 커피, 스몰 럭셔리에는 그렇게 돈을 많이 쓰면서 책은 자꾸 비싸다고 한다. 이렇게 저렴한 가격에 이렇게 넉넉한 용량인데 어째서.

뭐가 비싸다는 걸까. 내가 지금 책상에 앉아서 울다시피 쓰고 있는 이 노동은 전부 무엇이라고 생각하는 걸까.

이런 심정을 나는 주변 사람들에게 하소연한다. 그러면 가족도, 친구도 하나같이 이렇게 말한다. 좋은 일이 있을 거라고. 하지만 나는 안다. 좋은 일은 없다. 앞으로 더 좋을 일은 없다. 해외에서 내가 상을 받지 않는 이상 나에게는 그런 일이 없을 것이다. 노동을 열심히 해서 돈을 버는 일은 없다. 내가 이렇게 쉼 없이 타자를 치고 있지만 노동을 해서 돈을 버는 일은 없다. 그러니까 "엄마, 포기해." 몇 번이나 이야기했다. 포기하라고. 포기하면 우리 모두 편해질 것이라고. 그리고 서른 중반, 코로나가 터져 강의를 하지 못하게 된 일을, 모객을 하지 못하면 면이 서지 않아 괴로웠던 일을 생각한다. 화가 난다. 잘못한 사람은 아무도 없는데 잘못한 기분이다. 그래서 폐강되었다는 소리를 들으면 면목 없고 부끄럽고 수치스럽고 괴롭기까지 하다. 내가 손해를 입혔기 때문이다. 그러면서 나는 앞으로 강의를 잠시 쉬겠다고 거짓말을 하기도 했다. 사실은 쪽팔려서 쉬고 싶었다. 돈이 문제가 아니라 그냥 부끄러웠다.

후에 나는 얼굴에 무언가가 울긋불긋 나기 시작했다. 병원을 찾았더니 의사가 면밀히 살피고는 이렇게 말했다.

> 화병이 생긴 것 같은데요.
> 마스크같이 외부 자극이 아니라 몸 내부에서
> 열이 올라오는 것 같아요. 내려놓으세요.

내려놓으라니……. 뭘 내려놓으라는 말인가. 혜민스님도 '풀소유Full所有'를 했는데 가진 것도 없는 내가 뭘 내려놓아야 하는가. 가져본 적도 없는데, 다 내려놓고 세상을 바라보라는 말이 너무나 허무하게 들렸다. 나에게는 작은 야망조차 가질 수 없는 게 바로 문학이다. 문학은 야망을 갖는 순간 고통스러워진다. 세상에 이름 한번 남겨보고 싶어서, 내 책 한 권 가져보고 싶어서 시작한 일인데 이상하지. 사람은 자꾸 욕심이 생긴다. 야망이 생긴다는 말이다. 그 야망이 나를 여기까지 데리고 왔다. 등단한 지 곧

10년, 나는 무엇인가. 사랑하는 것들이 나를 자꾸 망치려 든다. 사랑하는 문학이 나를 망쳤다. 덕분에 이름만 있고 책만 있고 돈은 한 푼도 없는 사람이 되었다. 다들 어떻게 살고 있는 걸까? 우리는 만나서 서로 어떻게 돈은 벌고 있는지 묻는다. 그나마 나의 마지막 로또 티켓은 산문이었다. 그러나 내 산문은 어째서인지 시집보다 더 안 팔린다. 혹자가 말하길 산문은 대박 나면 서울에 집을 살 수도 있을 만큼 인세가 들어온다고 했다. 그게 지금 내가 산문을 쓰고 있는 이유다. 내려놓으라고? 내려놓으면 다 될 거라고? 허울뿐인 말이다. 내려놓을 수 있는 것은 주변에서 갖고 있는 나에 대한 기대밖에는 없다고 말하고 싶다. 씨발, 난 인간이다. 인간이라 야망이 있다. 나도 인세 받아 서울에 집 사고 싶어서 이 글을 쓰고 있다. 내려놓기는 뭘 내려놓나. 나는 유일한 희망인 이 티켓을 놓칠 수 없다.

**만남은 어렵고
이별은 쉬워**

동해에서 서울로 오는 길이었다. 친구의 차에서 랜덤으로 나오는 노래를 듣고 있었다. 그때 나온 노래가 〈만남은 쉽고 이별은 어려워〉였다. 가수는 베이식. 나보다 나이도 많은 이 가수는 왜 만남이 쉽고 이별은 어렵다고 했을까. 서른이 넘고 가장 어려웠던 게 나에게는 만남이었는데 말이다.

이십 대 중반쯤 절친한 선배가 이런 말을 했다.

> 잘 들어, 소호야.
> 멀쩡한 남자는 다 누가 채가고 남은 남자는 다 대머리거나 여우 새끼들이란다.
> 너를 간 보고 재다가 잠만 자고 버릴 수도 있다는 것을 항상 명심하렴.

이 말을 잘 새겨들었어야 했는데 삼십 대에 나는 제대로 된 연애를 1년 남짓 한 후에 무려 2년 반을 쉬고 만다. 보라, 얼마나 만남이 어려운가. 그 시간 동안 내가 누군가를 만날 노력을 하지 않은 것은 아니다. 무지하게 노력했다. 그러나 나이에서 탈락, 직업이 이상해서 탈락, 거지라서 탈락. 서류 탈락의 낙방 끝에 면접까지 가도 술만 맛있게 먹고 뭔가 해보려는 것에서 벗어나면 거기서 또 탈락. 또 여기서 조금 더 진지하게 연애해 보려고만 하면 뒷걸음질 치는 놈들 붙잡으러 다니다가 또 탈락. 아무튼 나는 탈락의 고배를 수시로 마셨다. 그 많던 남자들은 모두 어디로 갔을까. 나는 점점 낮아지는 자존감을 찾고 싶었다. 그러나 찾을 수 없었다. 능력으로 인정받는 것은 별개였고 그 능력을 깎아내리려는 사람들 사이에서 나는 고군분투해야 했다.

> 네가 운이 좋다는 생각은 안 해봤어?
> 이 모든 게 다 사라지면 넌 진짜 아무것도 아니잖아.
> 너 원고료로 못 먹고살면 그건 그냥 취미 아냐?

슬펐다.
능력자는 세상에서는 능력자가 아니었으므로.
서점에서만, 책상에서만 활약하는 능력자는

세상에 아무 소용이 없었다.

그렇게 만남은 늘 어려웠다. 누구 하나 내 마음을 알아줄 사람만 나타난다면 그 사람에게 뭐든 다 주고 싶었다. 물론 경제력도 있어야 했다. 그래서 만남은 어려웠다. 게다가 알려지지 않았다고 하기에도, 그렇다고 알려졌다고 하기에도 그런, 안 유명한 무명 연예인 같은 삶을 사는 나에게는 만남이 너무 고통스러웠다. 베이식은 결혼했기 때문에 사람들과의 모든 관계에 대해 쉽게 만날 수 있다고 가사를 썼는지도 모르겠다. 그러나 나는 만남이 너무 어려웠다. 그래서 결국 여러 각도로 깎임을 당하면서 내 인생 최대로 남자들한테 뜯김을 당했다.

나는 어린이를 처음 본 개구리처럼 논두렁을 뛰놀다가 잡혔다가 풀렸다가 잡혔다가 풀렸다.
잡히지도 않았다.
사실 어린애는 나를 툭 쳤을 뿐 나는 혼자 풀밭을, 그 애 곁을 맴돌았다.
그러나 그 애는 나를 잡지 않았다.
너무 쉬운 먹잇감은 재미가 없으니까.

삼십 대에 내가 연애를 한 적이 있다고 아까 말했듯이 이젠 이별에 대해 말해보고 싶다. 이별은 정말 순식간이었다. 나는 '얼굴을 보고 예의 있게' 이런 말은 지키지 않았다. 그런 것도 에너지가 있을 때나 하는 법이다. 과거에 나는 뉴욕에서 전화로 이별을 통보했다. 울지 않았다. 조금 허전했다. 그래, 허전하다는 말이 맞겠다. 제일 친한 친구와 싸운 기분이 들었다. 그와 나는 친구로 남기로 했기 때문에, 연인 관계를 이어가려 애쓸 필요가 없어졌다는 것이 이상했다. 그렇게 또 사랑이 갔다고 생각했다. 사랑은 언제고 또 할 수 있을 거라고 생각하기도 했다. 그와 헤어지자마자, 하루라도 빨리 헤어져야 하루라도 다른 사람을 더 빨리 만날 수 있을 거라는 생각만 들 뿐이었다. 그래서 나는 울지 않았다. 울 필요도 없었다. 아침저녁으로 전화할 사람이 없어서, 내밀한 고민을 나눌 사람이 없어서 허전할 뿐이었다. 그러나 가장 무서웠던 것은 이 감정이었다. 허전하다는 감정. 슬프지 않다는 감정. 명색이 작가인 내가 어떻게 이런 단조로운 감정을 가질 수 있을까. 사랑이 끝났는데……. 오로지 이 걱정뿐이었다. 어째서였을까. 나는 정말로 그를 사랑했는데 어떻게 이렇게까지 무감각해질 수 있는 걸까? 나는 앞으로 어떤 감각을 통해 글을 쓸 수 있을까. 오직 그런 것만을 생각했다. 그렇게 사랑은 갔다. 슬프지 않았고, 설레지 않았고, 아프지 않았다. 심심했다. 그냥 나는 어쩌면 아주 오래전에 이미 끊어진 끈을 억지로 이으려 했는지도 모르겠다.

그 후에 모든 사람과 그랬던 것 같다. 그래서 나를 더 아프게, 나를 더 괴롭게, 나를 더 슬프게 할 진짜 사랑을 찾아 나서야 한다고 생각한 순간부터 나는 아무도 만나지 못했다. 그런 사람과 함께하려면 미래를 걸어야 하니까, 진지해야 하니까. 나는 세포가 하루하루 죽어가고 있었으므로 나에게는 정말 그런 사람이 필요했다. 나를 구렁텅이로 처넣어도 원망하지 않을 사람. 그렇게 2년 반을 살았다. 그런 사람을 찾지 못해서. 모두가 다 멀리멀리 도망가버리는 바람에 사랑 없이 살아났다, 나는.

코로나 때문도 있었겠지만 사랑 없이 2년 반을 산다는 것은 고역이고 고통이었다. 자연스러운 만남은 불분명했고, 생판 모르는 사람을 거짓말로 만나보기도 했다. 그러나 그것은 전부 나를 충족시켜주지 못했다. '사랑' 없는 만남은 시간만 아깝다는 것을 배운 시간이었다.

| 야, 좋은 남자는 어디서 만나냐?
    | 여자보다 남자 비율이 높다는데.
| 이 세상 모든 커플은 어디서 어떻게 만난 거냐?
    | 우리, 회사라도 다닐까?

친구들끼리 이런 이야기나 하는 연말이 되었다.
이마저도 우리는 전화로 한다.
코로나니까.

│ 야, 뭐 만나야 뭐라도 되지.
그래, 이렇게 집에 있으면 더 망할 것 같다는 생각이 든다.

그러므로 오늘 나는 길거리를 정처 없이 헤맨다.
나를 슬프게 할 남자를 찾아 나섰다.
미래를 생각하게 할 남자를 찾는다.
나를 소개하는 팻말을 목에 차고
한두 시간이고 걷고 싶다.

35세 미혼. 진지하고 건실한 배우자 구함.

택시 마니아

카카오톡으로 잡은 택시가 막 골목을 들어섰을 때였다.
낯익은 택시기사가 나를 보고 알은체했다.
| 아가씨, 우리 아까 여기서 보지 않았어요?

나 역시
      | 아저씨, 만나서 반가워요.
인사했다.

짐작이 가는가?
내가 얼마나 택시를 애용하는지.

돈으로 설명해 주겠다.

나는 한 달에 택시비를 30만 원 이상 쓴다.
그래서 같은 기사를 만나는 일은

그렇게 이상한 일이 아니다.
이 글에서는 과소비였다가 필요 소비가 되어버린
내 인생을 망치러 온 구원자,
택시에 대해서 말해보고 싶다.

택시 이용 인구는 얼마나 될까.
짐작하건대 나이 들수록 높지 않을까.
물론 여러 이유가 있을 것이다.
차가 있는데 면허가 없을 때, 면허는 있는데 차가 없을 때,
조금도 걸을 수 없을 정도로 지쳤을 때,
그리고 혼자만의 시간이 필요할 때.

이렇게 각자의 이유가 있겠지만 공통적인 것은 '지쳤다'는 것이다. 그리고 이것은 나이가 들면 들수록 택시에 외출 에너지를 의지할 수밖에 없는 가장 큰 이유가 된다.

나는
택시를 타며 합리화를 한다.
이것은 필연적인 소비라고.

하루하루 나이 들어갈수록 화장도 귀찮다. 하지만 난 나가야 한다. 나가야 하지만 걷고 싶지 않다. 필사적으로 걷

고 싶지 않다. 1호선 '빌런'들도 만나고 싶지 않다. '예수 천국 불신 지옥'을 외치는 목소리도 듣고 싶지 않고, 아이디어 상품인데 딱 이번만 팔겠다는 호객 행위도 보고 싶지 않다. 나는 최대한 침묵을 유지하고 싶다. 조용히 할 일을 하며 강남까지 가고 싶다. 강남에는 내가 가야 할 병원이 모두 모여 있다. 강남에 가서 울고 웃고 하다 돌아오면 어느덧 퇴근 시간이다. 퇴근 시간에는 어차피 지하철도 지옥이다. 그래서 택시를 탄다. 롯데 타워가 큼직하게 보이고 그 뒤로 걸린 달도 큼직하게 보인다. 지하철을 탔으면 볼 수 없는 풍경이다. 엄마랑 동행한 어느 날엔 엄마에게 "엄마, 택시 진짜 좋지?"라고 말했다. 엄마도 그다음부터 택시를 탄다. 지하철은 어둠 속을 달린다. 서 있지 않으면 그나마 지옥은 면할 수 있다. 그러므로 난 앉고 싶다. 격렬하게 앉아서 아무 생각 없이 휴대폰이나 만지고 싶다. 그러나 지하철은 사람이 사람을 향해 떠밀려 온다. 무릎과 무릎이 불편하며 백팩커backpacker들을 헤치고 걸어가야 자리를 잡을 수 있다. 이런 지하철이 나는 너무나 싫다.

버스도 싫다. 버스에는 나의 '최애 지정석'이 있는데 그곳에 자리가 비지 않으면 나는 과감하게 버스를 버린다. 만원 버스만큼 견딜 수 없는 것은 없다. 만원 버스는 자비가 없다. 빨리 내리기 위해 애쓰는 사람들만 있을 뿐이다.

더구나 나는 선천적 길치라 버스를 타면 매번 길을 잃는다. 이번에는 버스를 타볼까 했다가 잘못 타서 다시 택시를 타고 목적지까지 가면서 돈을 두 배로 쓰는 멍청한 일을 자주 겪는다.

아무튼 나는 1,420원이면 가는 길을
5,000원이 넘는 금액을 주고 택시를 탔다.
오늘도 이런저런 이유로.
엄마는 길바닥에 돈을 버리는
어마어마한 재주가 있다고 나를 비난하면서도
내가 택시를 잡으면 아무 말도 않고 얻어 탄다.

연애에 대해서 내가 했던 말이 생각난다.
업그레이드는 있어도 다운그레이드는 없다고.

택시도 마찬가지다. 택시를 타기 시작하면 택시만 타게 되지 뚜벅이로 돌아가거나 대중교통을 이용하는 것은 굉장히 힘든 일이 된다.

택시가 없었다면 내 삶은 어떻게 되었을까.
지금보다 외출은 적고 사람을 만나는 일이 더 익숙하지 않았겠지.

지금 나는 돈보다 시간이 아까운 서른다섯 살이다. 서른다섯 살은 필사적으로 한 번에 두 가지 일을 해야 한다.
이동하면서 일해야 한다.
기다리면서 일해야 한다.
프리랜서인 나는 지금처럼 새벽에 일어나서 글을 쓰는 것과 같이 일해야 한다.
일하지 않으면 쫄쫄 굶어 죽는 것이다.
죽는다는 것은 택시를 타지 못한다는 것과 같다.

아무튼 이런 부득이한 사정으로 나는 택시를 자주 탄다. 두 가지 일을 동시에 할 수 있다는 것과 대중교통에 대한 트라우마가 나를 선택이 없는 단 하나의 길로 가게 했다.

아아, 나를 올바른 길로 인도하시는 택시 기사님.

그러나 나는 안다. 사람들이 택시를 많이 타는 이유가 비단 지쳤기 때문만이 아니라는 사실을. 많은 사람들이 나와 같은 패닉 현상으로 택시를 타고 다닌다는 것을.
택시 기사에게 아가씨는 왜 택시를 타냐는 말을 들은 적이 있다.
그래서 말했다.

> 저는 대중교통을 이용하지 못해요.

공황장애라고 말하지 않았는데도 아저씨는 이해했다.

> 맞아요. 손님 중에 그런 분들 정말 많아요.
> 택시 아니면 요 앞도 갈 수 없는 그런 사람들이 있어요.
> 아가씨처럼요.

이 말이 큰 위로가 되었다.
물론 각자가 택시를 반드시 타야만 하는 이유는 여러 가지일 것이다.

그러나 나는, 이것만은 확실하다.

숨을 쉬기 위해서 노력해야 하는 내 삶을 저주하지 않아도 되기 때문에.
택시를 타는 순간 나의 세계는 택시 안에서 어느 정도 누그러진다.
삶은 이렇게나 단순하다.
돈을 내면 시름이 없다.
돈을 내면 조금 더 안전하고 안락하게 이동할 수 있다.

어느 날 울컥 무엇인가의 감정이 나에게 쳐들어왔을 때,
택시 안에서는 치열하지 않아도 된다.
참지 않아도 된다.
밖에서 안까지.
이곳은 잠시 나의 두 발이자 내 집이다.

**죽음에
대하여**

| 아, 죽고 싶다.

한때 내가 가장 자주 하던 말이다. 그러나 지금은 죽고 싶지 않다. 오히려 살기 위해 발버둥 치고 있다. 몸이 신호를 보내고 있다. 이대로 평소처럼 몸을 사용하면 너는 병을 달고 살다 죽음을 면치 못할 거라고. 과거에 죽고 싶었던 이유는 마음에 여유가 없었기 때문이다. 글을 써도 미래가 없다고 생각했고, 더욱이 시는 정말로 자본주의 사회에서 미래가 없었다. 도움 없이 어떻게 살 수 있을까 별의별 고민을 다 했지만 내가 시인으로서 살아남는 법은 결국 잘 버티는 것과 명예를 얻는 일이라고 생각했다. 그래서 아무도 나를 몰라도 글을 썼다. 열심히 썼다. 도 닦는 심정으로 책상에 딱 붙어 앉아서 더 많은 일을 하며 더 많은 생각을 할 수밖에 없었다. 그래서 우울했다. 생각이

많으면 그냥 딱 죽고 싶었다. 미래가 없으니까. 그러나 자리를 어느 정도 잡은 지금도 나는 그렇게 말하지 않아도 알 것 같았다. 이루어질 것 같았다.

케세라세라.
죽어버릴 것이다, 너는 곧.

죽게 된다는 것은 무엇일까. 어렸을 때 곰 인형을 껴안고 죽는다는 것에 대해서 아무 이유 없이 겁을 먹고 운 적도 있다. 그때는 몰랐지. 눈을 감으면 깜깜하고 그 깜깜함이 내일은 다시 오지 않을 것 같은 공포였다. 두 번째로 내가 죽음을 고민해 본 것은 할아버지들의 죽음 때문이었다. 나와 가장 가까운 할아버지와 작은 할아버지의 죽음은 조금 이상했다. 할아버지는 오래 앓다 돌아가셔서 마음의 준비가 된 상태에서 죽음을 받아들이면서도 슬픈 마음이 한동안 나아지지 않았지만, 작은할아버지의 죽음은 정말로 갑작스러운 일이었다. 미국에 계신 작은할아버지는 욕실에서 돌연사로 발견되었고 죽음이 이상했던 가족들에 의해 부검이 진행되었다. 그 결과 작은할아버지는 코로나로 돌아가셨다는 것이 판명되었다.

그렇다. 나는 이 시대, 죽음의 시대 코로나의 유가족이다.

이제 오늘의 죽음에 대해서 이야기하고자 한다. 나는 침대에 눕는다. 과로사할 것 같다는 생각이 든다. 과로사. 전에는 과로 없이 과로사할 것 같았는데 이제는 진짜로 과로로 과로사할 것 같다. 시간을 쪼개서 쓴다는 말이 이런 것일까? 내가 타이핑을 얼마나 빨리 하느냐에 따라서 돈을 벌 수 있다는 것은 정말 이상한 일이다. 그래, 나는 수준 높은 글을 최단 시간에 뽑아내야 한다. 엄마는 옆에서 아무것도 모르고 "요즘 웹 소설이 유행이라던데 너는 그런 건 안 하니?"라고 묻는다. 엄마는 하나는 알고 둘은 모른다. 나는 대학 시절 문예창작과에서 단 한 번도 소설 수업을 들어본 적이 없다. 등록금은 내주셨지만 딸이 어떤 수업을 들었는지 당연히 모르는 엄마는 내가 뭐든 쓸 수 있다고 생각하는 것 같다. 소설 쓰는 법을 모르기에 내가 할 수 있는, 내가 돈을 벌 수 있는 유일한 탈출구는 산문인데 요즘 산문을 쓰느라 과로하고 있는 것이다. 이젠 내가 시인인지 산문가인지 모르겠다. 이걸 나눈다는 것도 웃긴 일이지만 그래도 어쨌든 시보다 산문을 쓰는 시간이 길어지면서 많은 병을 얻게 되었다. 솔직히 쑤시지 않은 곳이 없고 뼈마디가 아려온다. 하지만 그것보다 더 심각한 일은 머릿속 고통이다. 나는 창작의 고통으로 과로를 하고 있다. 하루 몇 꼭지씩 써내야 하고, 몇 매를 써내야 하는데 잘 풀리지 않아 출판사에서 오는 전화에 거듭 죄송함을 전하며 일을 하고 있다.

책은 또 왜 이렇게 자주 나오는 걸까.
퇴고해야 할 글은 또 왜 이렇게 많은 걸까?
일은 한꺼번에 몰렸다가 한꺼번에 사라진다.
그리고 그 일을 쳐낼 수 있는 힘 역시 한꺼번에 생겼다가 한꺼번에 사라졌다.
친구들이 자주 물었다.

| 너는 무슨 힘으로 그렇게 글을 쓰는 거야?
그럼 이렇게 답하곤 했다.
  | 그때는 그렇게 써졌고 지금은 비수기다.

하지만 정작 나를 쉬게 할 수 있는 출판사에는 일이 끊길까 봐 비수기라고 말도 못했다. 그냥 기계처럼 쓰고 있을 뿐이다. 일이 너무 버겁다. 버겁다는 생각만 들 뿐이다.
잠시면 된다. 잠시만, 정말 잠시만 쉬고 싶다. 쉬고 싶다……. 이 말만 반복할 뿐이다. 조증일 때 썼던 책들이 울증일 때 출간되는 바람에 나는 글을 엄청 빨리 잘 쓰는 사람이 되었고, 나는 글 노동을 하는 사람이니까 감사하게 계속 일을 받았다. 정말 감사한 기회들이었다. 그래서 내 체력을 생각하지 못하고 제대로 쳐내지도 못했다.

과로임에도 편히 쉬지 못한 탓일까. 얼마 전 병원에 갔을 때 모든 증상의 원인이 다 스트레스라고 나왔을 때를 떠올렸다. 이유 없이 어지럼증이 있었고 귀가 부어 무척 아팠고 걷기도 힘들어 벽을 짚고 걸을 수밖에 없었다. 트위터에 나는 이제 그만 쉬고 싶다고 선언했으나 선입금이라는 글빚을 지고 있는 한 가능할 리가 없다. 그러므로 써야 한다. 무엇이든지 써내야 한다. 잠시 세상에서 비행기 모드로 죽어 있고 싶지만 살아야만 하는 것이다.

편집자님, 저 살아 있어요.
쓰고 있어요.
하지만 쉽지 않네요.

외치고 싶지만 마음으로만 외친다.

마지막으로 겪는 죽음에 대해 이야기하고 싶다.
요즘엔 죽음의 공포를 외출할 때마다 경험한다.
나는 집순이다.
그러나 나는 요즘 병원을 세 군데나 다니고 있고 불가피하게 그 병원들은 전부 강남에 있다.
연말은 택시 마니아에게 고통이다.
퇴근 시간도 고통이다.

강남은 특히 사람이 너무 많다.

나는 공황장애가 있고 그때마다 죽음을 경험한다.

숨이 잘 쉬어지지 않기 때문에 대중교통을 타지 못한다.

가끔은 택시 기사님들이 나를 힘들게 한다.

한 시간 동안 나에게 전에 탄 손님 욕을 하거나 다른 차와 싸움을 일으키기도 한다.

그래서 강제로 내린 적도 있다.

기사님들은 스트레스를 여자 손님에게 푸는 게 아닐까 궁금했던 적도 있다. 나에게 왜 자신의 아들이 도박 빚을 져서 아가씨 같은 젊은 여자 택시 운전기사나 하고 있는지 모르겠다고 한탄했을 때 어찌해야 할지 모르고 한 시간을 갔다. 최대한 말을 섞지 않으려 했으나 아저씨들은 침묵을 견디지 못한다.

| 대중교통을 이용해 보시죠?

나는 강남 포비아가 있다.

젊을 때 강남에 있는 직장으로 숨 막히는 출퇴근길을 견디며 다닌 적이 있다. 후에 강남으로 아르바이트를 하러 다니기도 했는데 퇴근길엔 늘 강남역을 거쳐야 했다.

지하철을 탄다는 것은 생각만으로도 아찔하다. 그러므로 늘 택시로 강남순환고속도로를 달리는 나는 한 달에 택시비가 30만 원이 나온다. 그러니까 나는 택시비를 벌기 위해 일을 미친 듯이 해야만 한다.

스트레스, 과로, 공황장애.
그리고 다시 과로, 스트레스, 공황장애.

이 굴레를 벗어나지 못하는 나는 보통의 직장인들과 같을 수도 있겠다. 내가 직장을 다녔을 때를 생각해 보면 그랬다. 쳐내도 쳐내도 줄지 않는 일 때문에 앉은 자리에서 엉엉 울어본 적도 있었다.

지금은 엉엉 울지는 않는다.
그때 양화대교를 건너면서 여기서 콱 사고라도 났으면 좋겠다는 못된 마음도 먹어본 적 있다.
너무 힘들었다.
집에서 일하는 나와 직장을 다녔던 나와 뭐가 다를까.
그냥 나는 계속해서 굴레를 벗어나지 못할 것만 같다.

어제도 그랬다.
죽는다는 게 남겨진 자를 얼마나 슬프게 하는지 그 누구보다 잘 알면서도 죽으면 다 끝날까? 그런 생각을 해본 적도 있다.

지금의 나는 절박하게 살아 있다. 죽고 싶은 마음은 사실 살고 싶은 마음과 똑같은 게 아닐까? 그래서 나는 죽고 싶을 때마다 우습게도 곱게 쌓인 계약서를 생각한다.

나를 살게 하는 것도, 죽게 하는 것도 글이다.

Epilogue

**내일을
장담하지 못한다는 것**

과연 나는 내일 무엇이 되어 있을까. 이 글을 쓰면서 가장 많이 들었던 생각이다. 나는 내일의 나를 장담하지 못한다. 겨우 올려놓은 신용 등급이 다시 6등급으로 떨어질 수도 있으며, 일을 하다가 탈이 날 수도 있고 생각지도 못한 사고를 겪을 수도 있다. 아니, 반대로 좋은 일이 있을 수도 있다. 이 책을 내는 해에 갑자기 운명의 짝을 만나 결혼할 수도 있고, 늘 바랐던 유기묘를 입양할 수도 있다. 나오게 될 책은 총 두 권인데 한 권은 모르겠다. 다만 내년에도 바쁘고 내후년까지 바쁠 예정이다. 글을 써야 하는 스케줄이 정해져 있으므로 그럴 것이다. 오늘의 내가 상상할 수 있는 범주는 여기까지다.

그러나 내가 오늘 할 수 있는 것들에 대해 생각해 보기도 한다. 서른 중반이 되어서 좋은 점은 데이터베이스가 많이 쌓였다는 것이다. 가끔은 좋은 사람이 된 기분이 들기도 한다. 조언을 구하거나 얻기도 하지만 그 사이에 내가 가장 현명한 선택을 할 수 있다는 것도 잘 안다. 바다가 갑자기 보고 싶으면 보러 갈 수도 있고, 호캉스도 갈 수 있다. 글을 쓴다고 지질하게 사는 것은 아니다. 구찌 립스틱을 좋아하기도 하고, 아이패드 프로와 아이맥이 있으므로 큰 화면으로 한 자 한 자 적히는 것을 감상할 수도 있다. 음악을 들으면서 리듬에 따라 글을 쓸 수도 있다. 최고의 멀티 플레이어가 된다. 가사가 있어도 백색소음 모드로 해놓고 리듬에 따라 글을 쓴다. 그게 나다. 그리고 무엇보다 나는 나이를 먹는 것에 대해 사회적인 시선이 싫거나 내 몸의 노화를 몸으로 느낄 뿐 마음만큼은 건강하다. 특히 이 책을 쓰는 동안엔 이보다 건강한 적이 없었다. 내 치부와 고통을 다 드러내고 나니 더는 부끄러울 것도 없었다.

그래서 나는 이 책에 고맙다. 이 책은 나를 수치로부터 자유롭게 해주었으며 그 수치를 드러내 자존감을 찾게끔 도와주었다. 사이사이 위기도 있었다. 삼십 대 중반의 이야기가 거기서 거기인 것도 있겠지만 체력 말고는 별로 내가 달라진 게 없었다는 것, 그게 가장 컸다. 그러나 거기서 쪼개고 또 쪼개서 생각해 보니 또 이십 대에 당연하게 받아들이던 것들이 삼십 대에 와서 조금 더 귀하거나 다르게 느껴지기도 한다는 것을 알게 되었다. 그러므로 이 글을 삼십 대 중반 지금의 이야기에서 조금 더 벗어난 이십 대와 삼십 대의 차이로 읽어주었으면 한다.

일상에 밀착된 것일수록 쉽게 포착하고 쉽게 놓친다. 나는 그걸 쓰고 싶었다. 일례로 내게 더 쓸 수 있는 무엇이 있다면 긍정적인 것들에 대해 더 얘기하고 싶었다. 아직도 애착하는 베개가 있다거나 하는 사소한 것들. 혹은 달라진 가치관에 대해서도 써보고 싶었다. 저렴한 것 하나를 사느니 좋은 것 하나를 사자는, 달라진 가치관에 관해서도 써보고 싶었다. 뿐만이 아니다. 이젠 기계와 그릇에 더욱 관심을 가지는 나를 쓰고 싶기도 했다. 줄임말도 써보고 싶었다. 모든 것을 다 줄여버리는 이 세상에 남은 긴 글을 쓰는 사람이 되고 싶기도 했다. 하지만 시대를 반영하여 15에서 20매로 툭툭 잘라서 썼다. 나는 여러분이 한 걸음을 떼듯이 말을 줄였다. 이것이 내가 할 수 있는 최대의 줄임말임을 이해해 주었으면 한다. '치맥'은 알아도 '당모치*'는 모르는 나는 앞으로도 모르는 일이 많아질 것이다. 그러나 부끄럽지 않다. 나는 다행히 작가이기 때문에 줄임말 대신 오래 남을 말을 써야 한다. 늙는 일은 자연스러운 일이다. 그러나 낡고 싶지 않다. 자연스럽게, 멋지게 늙고 싶다. 그것이 나는 낡지 않고 늙는 법이라고 생각한다. 부디 여러분이 이 글을 읽고 다가올 삼십 대를 무서워하지 않길 바란다. 당연히 당신에게 다가올 일이며, 그 일은 아무 일도 아니라는 것을 말해주고 싶다. 나는 이 글을 쓰는 내내 슬프지 않았다. 오히려 달라진 게 없어서 힘들었다. 그래서 늘 소재가 모자랐다. 고갈되는 기분이었다. 사십 대가 되어도 그럴 것 같다. 삼십 대는 어땠나요, 물어보면 이십 대와 비슷했다고, 그냥 한 살 한 살 넘어가는 기분이었다고 말하고 싶다. 나는 아직도 내가 2014년에 등단했다는 것이 믿어지지 않는다. 훌쩍 지난 일인데도 얼마 전에 일어난 일 같다. 그렇기 때문에 여러분도 다르지 않다는 것을 알려주고 싶다. 그냥 조금 더 똑똑해지고 있다고 알길 바란다. 당신은 꼰대가 아니다. 조언을 하다가 입을 틀어막지 않길 바란다. 조언은 필요하다. 그 조언은 누구에게서라도 들을 수 있는 조언이며, 말을 막지 않고 귀담아듣고 그다음을 말해주길 바란다. 그걸로 우리는 꼰대란 말 정도는 면할 수 있다.

사실 그거면 된 것 아닌가?
나는 솔직히 내일을 장담하기 어렵다는 것이 무서웠던 적도 있었다. 그러나 지금은 전혀 무섭지 않다. 나는 빛나고

● '당연히 모든 치킨은 옳다'의 줄임말.

아름다우며 몸과 정신을 가꾸기 위해 최선을 다한다. 스트레스도 덜 받는다. 예민하지 않기 때문에, 그러니까 힘을 쓸 때와 뺄 때를 정확하게 파악하는 나는 글 쓸 때만 예민하다. 단어를 고르고 언어를 고르는 일은 여전히 어렵다. 그러나 그것만 뺀다면 나는 좋은 게 좋은 거라고 생각한다. 그래서 다툼조차 없는 삶을 살고 있다.

얼마 전에 인상적인 대화를 나눈 적이 있다. 약간의 다툼이 있었지만 우리는 전혀 다투지 않았다. 어른이 되었기 때문에 이해했다. 나는 너를 이해해, 나는 너를 이해해. 우리가 가장 많이 한 말은 그것이었다. 그리고 서로를 걱정했다. 이십 대였다면 대화로 끝나지 않고 토라지고 화내고 거기 에너지를 쏟으면서도 쏟는 줄도 몰랐을 것이다. 가끔은 그런 불같은 감정이 부럽기도 하지만 지금의 나와 너에게는 어울리지 않는다. 어울리지 않는다는 사실이 마음에 든다.

연말 파티에서 친구들끼리 이런 말을 했다. "과거로 돌아가고 싶어?" 그때 나는 그렇게 말했다. "단 하루도 돌아가고 싶지 않다"고. 지금 알고 있는 지혜를 얻느라 여태껏 얼마나 노력했는데, 지금까지 쌓아온 노력과 커리어를 놓치고 싶지 않다고 답했다. "그럼 기억을 다 가지고 간다면?" 그때도 이야기했다. "그때가 딱 내 나이에 맞게 좋은 일이 일어났던 것 같아. 그 이전이었으면 더 지옥이었겠지, 지옥을 더 일찍 겪을 필요는 없다고 생각해"라고.

여유일까 아니면 패기일까.

돌아가고 싶지 않다는 이 마음을 모르겠다. 몸의 노화를 온몸으로 느끼면서도 입으로는 전혀 다른 말을 하고 있다. 나는 내일을 받아들일 자신이 있다고. 서른다섯 살에 이런 글을 쓰지만, 마흔에도 그리고 칠순 잔치에서도 후회 없이 이렇게 말하고 싶다.

나는 단 하루도 어제로 돌아가고 싶지 않다고.
누구나 부러워할 아주 멋진 삶을
나는 살아왔다고.

서른다섯, 늙는 기분

초판 1쇄 발행 2022년 05월 30일

지은이 이소호
펴낸이 권미경
기획편집 이소영
마케팅 심지훈, 강소연
디자인 studio fttg
펴낸곳 ㈜웨일북
출판등록 2015년 10월 12일 제2015-000316호
주소 서울시 서초구 강남대로 95길 9-10 웨일빌딩 201호
전화 02-322-7187　　　　　**팩스** 02-337-8187
메일 sea@whalebook.co.kr　**인스타그램** instagram.com/whalebooks

ⓒ이소호., 2022
ISBN 978-11-92097-20-6 03810

소중한 원고를 보내주세요.
좋은 저자에게서 좋은 책이 나온다는 믿음으로,
항상 진심을 다해 구하겠습니다.